雅趣文丛

紫砂品赏

李昌鸿 著

北京大学出版社
PEKING UNIVERSITY PRESS

图书在版编目(CIP)数据

紫砂品赏 / 李昌鸿著. — 北京：北京大学出版社，2018.7
（雅趣文丛）
ISBN 978-7-301-29511-3

Ⅰ.①紫… Ⅱ.①李… Ⅲ.①紫砂陶－陶瓷茶具－鉴赏－中国 Ⅳ.①K876.34

中国版本图书馆CIP数据核字(2018)第081225号

书　　　名	紫砂品赏 ZISHA PINSHANG
著作责任者	李昌鸿 著
责 任 编 辑	于铁红　周彬
标 准 书 号	ISBN 978-7-301-29511-3
出 版 发 行	北京大学出版社
地　　　址	北京市海淀区成府路205号　100871
网　　　址	http://www.pup.cn　新浪微博：@北京大学出版社 @培文图书
电 子 信 箱	pkupw@qq.com
电　　　话	邮购部62752015　发行部62750672　编辑部62750112
印 刷 者	天津联城印刷有限公司
经 销 者	新华书店
	710毫米×1000毫米　16开本　9.5印张　140千字
	2018年7月第1版　2018年7月第1次印刷
定　　　价	98.00元

未经许可，不得以任何方式复制或抄袭本书之部分或全部内容。
版权所有，侵权必究
举报电话：010-62752024电子信箱：fd@pup.pku.edu.cn
图书如有印装质量问题，请与出版部联系，电话：010-62756370

[第一章　紫砂壶的历史]

一、茗具精品源于茶 ……3

  1. 古代饮茶之风 ……3

  2. 饮茶方法　茶具的变迁 ……4

二、宜兴紫砂陶的起源 ……7

三、紫砂壶的时代发展特点 ……11

  1. 宋代的紫砂壶 ……11

  2. 明代的紫砂壶 ……12

  3. 清代的紫砂壶 ……15

  4. 民国的紫砂壶 ……17

  5. 1949 年后的紫砂壶 ……19

[第二章　宜兴紫砂陶的原料特点]

一、紫砂陶的功能与效用 ……25

二、紫砂泥的矿源及选料 ……29

  1. 紫砂泥的地质特征与矿体形状 ……29

  2. 紫泥岩石类型及矿物成分 ……30

  3. 紫泥原料的工艺性能和特点 ……33

三、紫砂泥原料的制备 ……37

[第三章 紫砂陶成型工艺技术]

一、以紫砂泥泥料为基础 41

二、紫砂陶的成型工艺 43

三、紫砂陶的圆器成型 45

四、紫砂陶的方器成型 49

五、紫砂陶的花器成型 51

六、紫砂陶的筋瓢器成型 53

七、紫砂器构件的成型与粘接 55

   1. 壶嘴 55

   2. 壶鋬 56

   3. 壶盖 57

   4. 盖摘 59

   5. 壶底 60

   6. 壶线装饰 61

[第四章 紫砂壶的艺术创作]

一、走进艺术殿堂 65

   1. 徽商后裔 65

   2. 启蒙之教 66

   3. 同乡会助学 66

   4. 顾门弟子 68

   5. 与高庄教授相处的日子 73

   6. 送到家门口的进修班 77

二、紫砂艺术创作面面观 79

   1. 传统的继承 79

   2. 灵感的来源 112

   3. 文化积淀的融入 115

   4. 时代气息 123

   5. 友情与合作 127

第一章 紫砂壶的历史

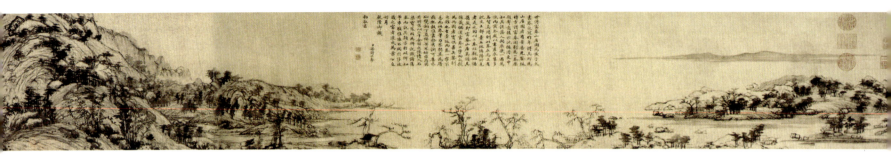

　　紫砂陶器创始于何时,在我国陶瓷史上一直存在争议。明清时代的史籍中记载,紫砂陶器出现于明代弘治、正德年间,由金沙寺的僧人始创。但学者们认为,宜兴紫砂壶的出现同中国历史上浩渺如星辰的其他名器一样,都有一个从萌芽到兴盛的工艺陶的升华过程,加上一些资料的参考以及近年来的考古学发现,推断它的历史应始于宋代,成熟于明清及民国,鼎盛繁荣于当代。

　　清代宜兴陶业进入全盛时期,紫砂壶艺术全面发展,特别是装饰艺术发展到了又一艺术巅峰。手工工场的兴起令分工日趋细密,技艺逐渐完善,至清末,丁蜀一带兴起"家家做坯,户户务陶"的繁荣景象。清代的紫砂在选料、呈色、造型、烧制、题材、纹饰、工具方面均优于明代,而现代更是紫砂史上的繁盛高峰时期,名人辈出,工艺及造型丰富多彩,更为紫砂增添了神秘的色彩。

　　在千百年的薪火相传中,由于紫砂原料的独特,紫砂壶造型艺术冠绝历代,独步千秋,成为无与伦比的陶中瑰宝。

一、茗具精品源于茶

紫砂壶文化是伴随着茶文化而出现的，以茶具为代表的紫砂陶器的起源、发展，与古代饮茶方式有着密切的关系。

1. 古代饮茶之风

我国是世界茶叶和茶文化的发源地之一。中国从何时开始饮茶，众说不一，西汉时已有饮茶之事的正式文献记载，饮茶的起始时间当比这更早一些。茶以文化面貌出现，是在汉魏两晋南北朝时期。据《华阳国志》、司马相如《凡将篇》和杨雄的《方言》等书中记载，武王伐纣时就已出现将茶作为贡品，以及反映当时买茶、烹茶、饮茶的事。早在汉代以前，我们的祖先就对茶的功用有了很深的了解，饮茶之风先从巴蜀和江南一带向北发展，然后又从中国向世界各地传播，茶最终成为世界性的饮料。

我们的先人为后世留下了众多的茶学典籍，其中问世最早、内容最全面的是唐代"茶神"陆羽的《茶经》，其对茶的起源、品种、分布、制作，茶的冲泡用水、器皿以及茶的趣闻逸事等均有论述。

2. 饮茶方法　茶具的变迁

饮茶的方法从古到今也经历了几个不同的阶段。不同时代的饮茶方法不同，茶具也随之不断地变化着。

最早人们采用混煮法，青、白釉瓷浅腹碗，用来饮茶最为恰当。

因为茗饮方法不同，饮具"茶壶"（宋代以前名"汤瓶"）也有不同的形制。唐代是"煎茶法"，所以壶腹大，口大，短流。

五代、宋代至元代主流饮茶方法是点茶法。点茶法是先将茶饼研碎，置于碗中，浇入沸水，并用茶筅搅打，然后饮用。点茶要求所用壶具为长曲流、小口。

明初至今采用泡茶法，即今天人们喝茶的方法，将茶叶放入茶具中，浇入沸水冲泡。"泡茶"对壶具提出了新的要求，壶身变矮小。壶小可以使茶保持"香不涣散""味不耽搁"，进而保持茶叶本身的色、香、味。

可见，随着饮茶之风的盛行，历代贮茶、煮茶、饮茶的器具也不断丰富。茶具制品多种多样，材料繁多，主要有金器、银器、铜器、锡器、玉器、珐琅器、陶瓷器、瓷器等，日常普遍使用的是陶瓷器。

作为陶瓷器之一的紫砂壶，是在明代泡茶之风的引导下正式登上历史舞台的。"茶壶以砂者为上，盖既不夺香，又无熟汤气"（明·文震亨《长物志》），紫砂泥料的特性可使冲泡茶的色、香、味得到最佳发挥；而且紫砂矿泥的可塑性强，最适合制作茶壶，造型可随心所欲地变化，因此紫砂壶在日用陶器中脱颖而出，走上艺术化的发展道路，成为各种名瓷之外别树一帜的茶具。明清之际李渔亦在《杂说》中谈道："茗注莫妙于砂，壶之精者又莫过于阳羡。"

茶文化的发展催生了紫砂壶的问世，而紫砂壶的发展又推动了茶文化。

二、宜兴紫砂陶的起源

江苏宜兴，以盛产陶瓷而久负盛名，它历史悠久，素有"陶都"之称。但在这漫长的历史时期中，对有关陶瓷起源和发展的记载及文献资料甚少，现仅见到最早的资料为明万历初年王穉登写的《荆溪疏》一文，其中谈及宜兴陶瓷，亦莫过数十字。为更好地了解宜兴陶瓷的起源和发展，自20世纪70年代以来，在有关部门的支持下，在宜兴陶瓷公司的重视下，在江苏南京博物院、南京艺术学院的指导下，南京大学历史系师生和宜兴陶瓷干部职工经上百次的座谈走访，对宜兴古窑址作了一次比较全面、系统、周密的考古调查和发掘，由此获得了大量的文物资料，给研究和解释宜兴陶瓷的起源与发展创造了良好条件，提供了比较丰富的实物佐证。

宜兴地处长江下游的太湖之滨，境内河湖交织，丘陵起伏，蕴藏着丰富的陶土，产有充裕的为烧陶所需的松木、柴火。生息在这里的原始居民，除从事原始的耕作、捕猎、渔捞外，还创造和掌握了制陶的技术。

从宜兴张渚和丁蜀两个地区的古窑普查资料看，宜兴陶瓷的生产，起源不晚于五千年前。在突出的遗址，如张渚归径乡的骆驼墩和唐南村及丁蜀镇周墅乡的元帆村，都找到了与"马家浜文化类型"相类似的夹砂粗红陶的釜和鼎，细泥红衣陶钵，牛鼻式盖罐，与磨光的石凿、石斧、石镞、石砗的新石器遗址共存，并且发现了多处新石器时代的文化遗址。

商周时期的遗址，大都在近水的丘陵地带。宜兴张泽乡鲤鱼头遗址发掘出土的陶器、残器、残片中夹有比较精制但欠完整的石凿、石戈、石砗等石器。陶器陶片有夹砂红陶、细泥红衣陶、几何印纹陶、黑陶和灰陶；器型有壶、盆、鼎、钵等器皿，其中夹砂红陶的手制痕迹比较清楚，黑陶和灰陶大都是轮制的，遗址中难以找到完整的窑址遗迹。据专家分析，当时多数是把器皿堆积一堆用树枝、柴火敞口烧造，或在柴火上涂上泥巴封闭烧成，烧制的温度在800℃～1000℃左右。

春秋战国时期，宜兴的陶瓷生产有了较快的发展，这一时期遗址和墓葬中出土的几何印纹陶和原始青瓷的工艺水平、器皿造型都有提高。这类硬陶和原始青瓷虽与浙江地区发掘的古陶相似，但经化验分析，在胎、釉上却有区别，这说明它不是在同一产区烧造，而是宜兴本区所产。几何印纹硬陶均呈紫褐色，器皿大都是收口、圆肩、平底状，印纹有麻布纹、水波纹、席纹、方格纹等，烧造温度在1000℃～1100℃。制作的方法有手工打泥条，泥片用内模挡制，然后用"印柱"内外拍打成型。有用轮制的，原始青瓷大都供殉葬之用，胎色灰白，坯骨细腻，器皿表面施青黄色釉，偶尔内部有施薄釉的。经中国科学院上海硅酸盐研究所和宜兴陶瓷研究所的物化测定，宜兴原始青瓷的胎釉，与宜兴汉代窑址出土的釉陶基本一致，烧造温度在1200℃左右。

汉代，宜兴陶瓷是一个发展和提高的时期。在宜兴丁蜀地区，镇西南的南山北麓（亦有称"均山"），发掘的窑遗址有16座。从遗址看，窑业比较集中，这说明在两千多年前的东汉时期，宜兴就已成为一个制陶业中心。从"均山""马臀窑"遗址看，窑基呈圆形，估计是"半倒焰式"窑。红陶已渐减少，大都是灰陶为主，器型有漂口双系弦纹罐，直口、漂口的壶，长颈壶等。成型方法都是陶轮旋坯制成，装饰的纹样有划花弦纹、水波纹、旋涡纹、蕉叶纹和拍打的格格纹、回纹。釉陶烧造成功，釉色淡绿中泛黄呈青黄色。由于釉药层比较薄，发掘出的残器、残片釉面容易剥落，胎骨比印纹划花硬陶要白些，呈青白色。东汉前期"均山"区釉陶的烧造成功，为六朝、唐、宋时期宜兴烧造青瓷奠定了基础，创造了条件，并使宜兴青瓷成为宜兴的一项专门品类的陶瓷手工业。

宜兴唐代青瓷比汉代均山青瓷又有明显的进步和发展,主要体现在:烧成的窑改成了龙窑烧制,提高了烧成温度和制品的烧结度,增加了产量;窑具又有改进,制品用套钵装烧(匣钵),使釉色更加光泽晶润;烧造的地域也有扩展,由原均山延伸到宜兴城西南的归径一带,这里依山傍水,有充裕的陶土和燃烧资源,水陆运输便利。从归径古龙窑遗址来看,它的残器、残片、窑具的堆积物深度在二三米以上,堆积物上层以军用器(韩瓶)居多,这亦说明归径地区生产的青瓷从晚唐开始经五代,一直生产到宋代,未曾间断。归径地区的青瓷与丁蜀南山均山、涧众的青瓷相比,胎骨要薄些,施釉比较均匀,釉色是茶绿色,釉面也润泽,质地更好些。由于宜兴地区缺优质高岭土,所以生产的青瓷总不及浙江会稽上虞窑和专供王室享用的秘色窑那么精细。名窑四起,市场竞争难以取胜,品种又不多样,以致宜兴青瓷窑逐渐被废弃,宜兴窑业由此大量地向生产缸、坛、盆、罐、瓮的日用陶方面转移,宜兴的紫砂陶便在日用陶中脱颖而出。

1976年的古窑普查中,引人注目的是在丁蜀镇蠡墅村羊角山发现的长10米多、宽1米多的早期紫砂小型龙窑窑址。可惜的是总体遗迹已遭挖动,从仅存的堆积物断面观察,上层为近于现代日用陶缸、坛的残器残片,约有4米。

龙凤印包壶

中层是混合层,有类欧窑的陶片和缸、瓮、罐、壶,包括玉壶春式的瓶作为壶身的釉陶及器肩堆贴菱花状边饰的瓮、罐残器片等。下层为早期紫砂器的残器残片。在这些堆积物中壶是最主要的,堆积物的底层大量的是壶身,其中有圆形和六方形的。壶盖有平盖、虚盖、包盖,子口有十字形和圆形的,盖的摘手有圆珠形、桥梁形,錾手是圆柱体圈成,有肩上添上桥梁和提梁系的。壶嘴是用泥片圈卷弯曲而成,好多还捏塑成龙头作装饰,有圈卷呈直筒碓形的,嘴和錾,包括提梁錾与壶身的添接是穿孔铆钉法制成,其中壶嘴的制作与宋代南方流行的龙虎瓶装饰的捏塑手完全一致。经过对羊角山窑址的发掘研讨,专家、学者认为,紫砂陶的生产和发展与宜兴陶瓷的生产有着直接和密切的关联,同时推定紫砂陶生产烧造起源于宋代,又主要是在北宋,羊角山紫砂古窑址为其提供了充分的依据。

三、紫砂壶的时代发展特点

每个时代紫砂壶的基本风格和特征都不尽相同，这既受当时社会习俗、审美情趣等影响，也与每个制壶艺人的手法不同有关。总体来说，紫砂壶的历史发展及演变，表现为由粗到精，由简入繁，由实用器具发展至艺术品的过程。

1. 宋代的紫砂壶

陶瓷业发展于新石器时代。紫砂陶瓷的创始，根据一些历史文献研究和古窑址的发掘，可以追溯到北宋中期，甚至有人提出唐代就已有紫砂壶，但目前尚未发现实物。宋代至明代这一期间，可以视为紫砂壶的萌芽期。

宋代一些文豪在诗词中有称颂紫泥新品、紫砂罐等的诗句，如大诗人欧阳修诗云："喜共紫瓯吟且酌，羡君潇洒有余清。"紫瓯，即为紫砂制的盏。梅晓臣有诗云："小石冷泉留早味，紫泥新品泛春华。"紫泥新品，极可能指的就是紫砂壶。诗句则道出人们已经用紫砂陶壶烹茶。

这些资料至少能证明陶艺工人已经掌握紫砂泥料的加工成型技术，并制成紫砂器具使用。

宋代的紫砂器具，包括紫砂壶，是作为日常实用器物出现的，与大多数陶器一样，还停留在"初创阶段"，尚未升华到艺术性层次。

2. 明代的紫砂壶

进入明代，紫砂壶有明确史料可考，明朗化起来。这一时期，在历史上留下最早印记的紫砂制陶名手有二，一为金沙寺僧，二为供春。

明代周高起在《阳羡茗壶系·创始篇》中说："金沙寺僧，久而逸其名矣。闻之陶家云，僧闲静有致，习与陶缸瓮者处，抟其细土，加以澄炼，捏筑为胎，规而圆之，刳使中空，踵搏口、柄、盖、的，附陶穴烧成，人遂传用。"金沙寺僧未曾留下法号、名讳。在一件直形圆壶上，壶的嘴面的壶肩上刻画一"佛"字，壶对面刻"金沙寺"，因而得名。而在金沙寺僧前，还有许多制作陶缸、瓮的制陶人，他们的姓名和劳绩都被湮没在茫茫历史尘埃中。

另一位名供春者，便是紫砂工艺史上首位把紫砂壶引入艺术殿堂的紫砂人，《阳羡茗壶系》列其为"正始"。有供春树瘿壶传世。周容《宜兴瓷壶记》说："今吴中较茶者，必言宜兴瓷，始万历，大朝山寺僧传供春者，吴氏小吏也。"吴梅鼎《阳羡茗壶赋》序中记载："余从祖拳石公读书南山，携一童子名供春，见土人以泥为缶，即澄其泥为壶，极古秀可爱，世所称供春壶是也。"供春的作品被称赞为"栗色闇闇，如古金铁，敦庞周正，允称神明垂则矣"。

明代是紫砂茗壶的兴旺成熟期，名手辈出。供春之后，有时大彬，《宜兴瓷壶记》称"前后诸名家并不能及，茗壶系作大家"。时大彬创造了僧帽、菱花、六方、瓜棱等紫砂壶造型，对后世影响巨大。他不仅壶艺有造诣，对培育后代亦业绩辉煌，门下有李仲芳、徐友泉。师生的紫砂壶艺陶肆谣云："壶家妙手称三大。"此期间，除时门外，还有邵盖、周后豁、邵二孙。

明末清初，时门的名弟子有欧正春、邵文金、邵文银、蒋伯䒷、陈俊卿、沈君盛，都饶有时门风格。还有追仿大彬和私淑者李仲芳、徐友泉的，亦应列时门派系的有陈俊卿、闵鲁生、陈光甫、陈子畦（《阳羡茗陶录》）。

天启年以后除时门人外，亦不乏名手，如陈和之、陈用卿、陈仲美、沈君用、沈子澈、陈鸣远、惠孟臣诸家。他们有"气格高古，韵致清绝"的，有"重镂叠刻，细极鬼工"的，有"式极精雅，古雅浑朴"的，其中尤以鸣远最为突出，可与供、时并称为三大名匠（《阳羡茗陶录》）。这一时期还有些能手如项圣思、邵旭茂、陈绶馥等"技艺独绝，造工精细"，"书法亦工有晋唐帖意"，给紫砂工艺的绚烂时期增添了光彩。

明代是紫砂壶发展史上一个重要时期，紫砂壶开始走向成熟，并逐步脱离实用器皿，走上艺术化道路。

明万历年间，紫砂壶多形体较大。我们虽未见传器，但从文献来推定，自宋元至明，紫砂壶的容积在1000毫升以上，从供春的制陶术分析，"捏筑为胎""茶匙穴中""斫木为模""腹半尚现节奏"（《阳羡茗陶录》），这都不是做小壶的方法。南京市博物馆收藏的由南京中华门外马家山油坊桥明代司礼太监吴径墓中出土的提梁壶，就是很好的物证，它的容积在1600毫升以上。明万历，时大彬初时仿供春得手，喜好做大壶，"后游娄东，闻陈眉公与琅琊太原诸公，品茶试茶之论，乃作小壶"（《阳羡茗陶录》）。万历之后，壶形日渐缩小。从"盈尺兮丰隆"转向"径寸而平砥"一途。壶体变小，与士大夫饮茶趣味和习惯的改变有着直接的关系。

明代紫砂壶造型以筋纹器为主，制壶艺人将花瓣、瓜棱、菱花、云水等形体引入紫砂壶造型，把紫砂壶塑成花瓣式、瓜棱式等壶形，打破了茶壶造型单调的格局，令壶式活泼多样，增添了艺术意趣。这一风气一直延续到 18 世纪以后。

明代壶器风格上追求简洁，少有装饰。当时的紫砂壶整体比较协调，不加装饰，仅仅以筋纹线的变化及开光加强装饰效果，泥质颗粒较粗，正所谓"不务妍媚而朴雅坚栗"。

紫砂壶所用泥料为制作缸坛的粗泥，含有粗砂颗粒，杂质较多，烧成时收缩不一，表面粗颗粒略有凸出，呈梨皮状。

另外，当时的壶多与缸同窑烧制，缸坛的釉高温熔化后随气流升腾凝附到素身砂壶上，产生"飞釉"。万历后，烧制工艺有所改进，飞釉不再出现。

明万历后，紫砂艺人开始注重对泥料的加工、调配，用调砂泥料，即在较细的泥料中掺入颗粒较粗的生泥或熟料，烧成后壶表面砂粒隐约可见，典雅古朴。至今，一些高档紫砂壶仍用调砂泥制作。

另外，由时大彬开创"大胆弃模"的徒手制壶之路，之后的紫砂壶由手工捏制或手工拍打泥条造型而成。壶表经拍压，滋润光泽；内壁经拍压，有指印痕，疏松而保持了透气性，吸水率可达 3%~5%。

3. 清代的紫砂壶

进入清代，紫砂壶的制作水平又在前人的基础上更上一层楼。特别是从清康熙中期到乾隆晚期，全国社会安定繁荣，江南地区富甲天下，上至宫廷皇室下至文人商贾，均雅好紫砂，于是宜兴紫砂壶进入历史上的繁荣期。

清代紫砂的练泥与烧造较明代有明显的进步，泥料加工后比较细腻，胎身表面平整。泥料配色也更丰富，朱泥、紫泥仍为主体，另有白色泥、乌色泥、黄泥、梨皮泥、松花泥等多种色泽。烧造采用龙窑，温度比较均匀，过温、欠温的现象很少出现。

清代，紫砂壶造型有新的变化，筋纹器型与自然形体相融合，后来被自然形体所取代。自然形体造型变化的引领者是陈鸿寿（别名陈曼生）。装饰风格上，明代紫砂壶少有装饰，而清代紫砂壶在装饰上下了大功夫。自康熙中期到乾隆晚期为止，装饰风格发展到顶峰，采用了泥绘、加彩、浮雕、堆泥、贴花、施釉、搅泥、镂孔、包漆、包锡、磨光等技法。制作工艺也达到了更高的水准，器身采用拍身筒和镶身筒技法制作，流把采用明接与暗接，接口修饰比较均匀修和，基本为独孔。一般紫砂圆器可以达到精圆水准。

清代所制之壶多留有印款，"壶依字贵，字以壶传"。印款均为篆体方印，金石味很浓，一般在底部，盖内少有，把下印很少见，刻款为钢刀刻之，在底部，还有楷书刻名款、词句。

风格上，入清以后，宜兴砂器列为贡品，由此砂艺形成两种风格，一是"式度精艳，风骨闲雅"的文人风格，一是"由朴而华、日渐巧艳"的宫廷趣味。其中以仿古风尚推崇文人风格的有周季山、陈和之、陈挺生、徐令音、徐次京、郑宁候、华凤祥辈。

走向宫廷风格的艺人有杨友兰、王南林、邵基祖、陈汉文、邵德馨、邵玉亭、邵友兰诸家。在士人风姿的砂壶身上铺盖一层工整、繁缛而又豪华的气息，使士大夫美学理想受到损害。吴骞曾感慨地说："阳羡茗壶，自明季始盛，上者与金玉等价，百余年来，名辈既尽，时工所制，率粗俗不雅，或涂以黄丹，无一可以清玩。"（《桃溪客语》）康、雍、乾三代的宫廷用壶，制作精益求精，不惜工本，追求高贵富丽的皇家气派和奢靡之风。例如，烧成的壶还可以在壶体上施彩，再入窑烧制。但是该工艺掩盖了紫砂壶的自然古朴之美，乾隆嘉庆以后鲜再使用。

清代嘉庆道光年间，文人参与制壶，成为紫砂壶艺突出的时代特征。首创者为嘉庆时文人陈曼生，后继者有瞿应绍、邓奎、朱坚、乔重禧等人。紫砂壶从此转趋典雅道古，样式创新不说，壶上还引入书法、绘画、篆刻等装饰工艺。风格的多变对文人风格又有一个促进和提高。著录可考的壶工有惠逸公、范章恩、潘大和、葛子厚、吴月亭、申锡、邵大亨、邵二泉、杨彭年诸家。其中杨彭年、杨凤年兄妹与陈曼生合作创造了曼生十八式，作品世称"曼生壶"，开创了紫砂壶样一代新风，名重一时。

另外值得一提的是高手邵大亨。他的艺名虽远不出乡里，可壶艺练洁质朴，洗清季宫廷之繁缛习气，严谨治艺的风貌为人楷模。高熙在《茗壶说赠邵大亨君》中评价："其佳处力追古人，有过之无不及。"大亨是继鸣远后在砂艺上达到又一顶峰的人物，是砂艺史上杰出的里程碑，为后人所膜拜。

到清晚期，受战争、列强入侵的影响，紫砂壶发展一度陷于低潮。

鸦片战争后，砂壶好事者，既有封建官僚和文人，又有巨商和买办，酷嗜砂艺，设馆收藏，纷纷定制专款，如黄彭年"彭年""子寿"壶，潘仕成"潘"壶，伍元华"万松园制""听涛山馆"茗壶，蔡锦泉"听松山馆"壶，吴大澂"愙斋"阳文印款壶，胡远自题铭识，张之洞号"壶公"壶，金铁芝底钤"铁画轩"，端方盖内"陶斋"及"宝华庵"印。这一时期，壶手仍代代有人，道光咸丰年间的朱石梅、冯彩霞、邵湘甫、邵云清等，同治光绪宣统年间的邵郝大、黄玉麟、范鼎甫、周家福、王东石、陈光明、杨佰年、陈寿福、邵友廷、邵友兰。其中最引人注目的应推朱石梅、冯彩霞、黄玉麟、范鼎甫。

4. 民国的紫砂壶

清末，紫砂行业受战乱影响步入衰颓。民国初期，社会相对安定，出现大批制壶名手，如程寿珍、范大生、李宝珍、汪宝根、蒋燕亭、陈光明、冯桂林、邵云如、朱可心、裴石民、顾景舟、吴云根、任淦庭等。他们不但技艺扎实，而且各有绝活，一扫晚清紫砂颓势的同时，开创了民国初期的复兴局面。

进入民国之后，紫砂业开始缓慢复兴，最突出的表现就是经营紫砂的商号层出不穷，如利永陶业公司、吴德盛陶器行、陈鼎和公司、葛德和陶器店、铁画轩陶器厂等，都是其中的佼佼者。辛亥革命后，工商一体的窑户纷纷兴起，大窑户在外埠设店的近十多家。民国时期，蜀山有专营紫砂的"老豫丰""新福康""利永"等。以前，紫砂人才培养多为师承、家传，民国时出现了新的培养模式，如企业培训、学校职业教育等。1917年蜀山北厂创办江苏省立陶瓷工厂，招聘技工和技术工人，生产紫砂陶；1921年利永公司在宜兴蜀山开办"利永陶工传习所"，招收培养艺徒20名，聘名师授课传艺。1931年后，在长江下游各省、市都有紫砂经销地。1934年，成立"宜兴县陶业紫砂同业工会"至1946年10月此会解散，另立"宜兴县陶器业整理委员会"。

抗日战争前，紫砂工艺在芝加哥、巴拿马、伦敦、费城、比利时等世界博览会上屡获嘉奖。例如：1915年，旧金山巴拿马太平洋博览会，宜兴物产会选送的一批紫砂器获头等奖；1930年，比利时列日国际博览会，利永公司展出的紫砂陶获银质奖章；1905年，英国伦敦国际艺术展览会，范鼎甫的紫砂雕塑"鹰"获金质奖。突出的优秀艺人有冯桂林、范鼎甫、程寿珍、赵松亭、汪宝根、陈汉西、俞国良、范大生、李保珍、范福奎等。这些荣誉的获得，不仅扩大了民国紫砂的世界影响力，还证明了这一时期紫砂产业的整体实力。紫砂壶广受欢迎,除供应国内市场,还远销国外,部分商号甚至在日本、新加坡等国设店。像利永等大紫砂公司,不仅建有龙窑,还有自己的注册商标和发行所,产、供、销一条龙。

这一时期的紫砂壶仿古之风盛行。民国对明清紫砂珍品十分追捧,逐步将其发展成为市场的主流,至20世纪初达到高峰。毫不夸张地说,宜兴所有的顶尖艺人都从事过仿古工作,仿品质量过硬,甚至与明清珍品不分伯仲。例如,顾景舟从仿古入手,终成一代壶艺名师。

紫砂商号私下也制作仿古壶,因为它们的利润更高。

民国时期,紫砂壶的制作分工更细,生产形成炼泥、制坯、刻字、焙烧、包装等专业分工。

在分工细化的同时,工艺制作创新颇多。如在传统泥料中加入千分之七的化工原料氧化钴、氧化锰等,配成墨绿泥、黑紫泥等泥色,使"五色土"更加妍艳;研制出均青釉、古铜釉等装饰方法,创造了在紫砂器上吹釉、挂釉、贴花、印花等加彩技法。

1937年抗日战争全面爆发,连年战祸,窑业衰落,民不聊生,艺人们流亡的流亡,弃业的弃业,七百多人的紫砂艺工队伍,至1949年时只剩下二十多人,紫砂业几乎陷入人亡艺绝、后继无人的境地。

紫砂壶市场每况愈下,一片萧条,但仍有一批艺人坚守。在漫长的战火中,他们小心翼翼地守护着先人流传下来的文化和技艺,信念坚定:宜兴紫砂不能亡!

5. 1949 年后的紫砂壶

中华人民共和国成立后至今的 60 多年间,紫砂壶迎来一个崭新的阶段,从战后恢复走向繁荣。制作工艺飞速进步,从业人员数量空前庞大。随着科技的发展,紫砂文化理论的研究及考古研究也不断取得新的进展。

从泥料的角度来讲,采用机器炼泥,泥料质量大幅提升,泥质比以往任何一个年代都细腻。壶制品更加规整。煅烧技法也不断创新,出现了煤气窑、电热窑、石油液化气窑等,令人惊喜。

另外,还出现了灌浆壶、辘轳壶、拉坯修坯壶等非传统紫砂壶加工方法,具有成品快、产出数量大的特点。不过,这些制作方法并不被紫砂玩家认可,不具有收藏价值,充其量就是一把喝水壶具而已。

进入现代以来,紫砂器物造型创新不断,百家争鸣。如顾景舟创作的云肩三足鼎壶、汉云壶、提璧壶、雪华壶等,令人惊喜;王寅春创作的玉笠壶、八方盅型壶等,使人眼前一亮;以花货见长的朱可心的竹段壶、云龙鼎,蒋蓉创作的荷花茶具、芒果壶、月色蛙莲壶、青蛙荷叶壶等,让人耳目一新。

此外,高庄教授的玉璧茶具,画家亚明的亚明方壶、高瓜壶,张守智的曲壶,韩美林的提梁系列壶,则开创了新时代艺术家与紫砂艺人合作的先河。

对于紫砂文化理论的研究,20 世纪 80 年代获得突破。香港紫砂文化传播者罗桂祥出版《宜兴陶艺》一书,书中除紫砂壶器图谱外,还将紫砂的发展过程分为草创期、典范期、繁荣期、转化期、衰落期和复兴期等几个阶段,开辟了紫砂发展过程新的理论体系。

目前,从事紫砂陶艺的人员数量超过以往任何一个时代,涌现出了以顾景舟、任淦庭、吴云根、裴石民、王寅春、朱可心、蒋蓉、施福生、谭泉海、汪寅仙、徐汉棠、徐秀棠、周桂珍、李昌鸿、鲍志强、顾绍培、曹婉芬、沈蘧华、毛国强、许承权、潘春芳、潘持平、高振宇等为代表的众多紫砂工艺大师。

1950年"宜兴陶业产销联合营业处"（简称"陶联处"）成立。1955年1月"宜兴丁蜀汤渡陶业生产合作社蜀山砂货车间蜀山紫砂工场"成立；为及时抢救这项传统工艺，同年10月，招考录取第一批26名"紫砂工艺班学员"。江苏省人民政府授予任淦庭、朱可心、顾景舟、裴石民、王寅春、吴云根、蒋蓉等七位紫砂技艺高超的从业人员为"艺人"（相当于现在的工艺师称号）。其中五位艺人任"技术辅导"，培育新生力量。1956年又招收第二批30多名紫砂工艺班学员。1957年再招十余人。1958年创办"宜兴紫砂中学"，招收学员培养工人后备力量两千多人。1960年由于发展速度太快，进行了调整、巩固、充实、提高的精简，至1980年（除1966年至1977年"文革"期间外），生产稳步上升，从业人员稳定在七八百人左右。紫砂厂成立了"紫砂研究所""紫砂特艺班"，研制新装饰、新工艺、新产品、新造型。1981年至1987年乡镇工业迅速发展，紫砂行业分别新建二厂、三厂、四厂、五厂和各村办厂，从业人员扩大到近五千人。1979年紫砂陶器荣获国家"银质奖"，1983年"方圆牌"高级紫砂茶具荣获国家"金质奖"。李昌鸿、沈蘧华、沈汉生合作的"竹简茶具"，顾绍培、谭泉海合作的"百寿瓶"荣获1984年春季德国莱比锡"国际博览会金质奖"。为此，全厂两千多名职工各奖励奖金六元钱（相当于一级工资的级差），可见是多大的殊荣。

在继承、发扬传统的基础上进行创新，任淦庭、朱可心、顾景舟、王寅春、吴云根、裴石民、蒋蓉七位艺人的工艺成就，不仅与历代巨匠齐名，且均有卓越的贡献。中国工艺美术大师顾景舟老师，其紫砂艺术造诣和精湛的技艺，再树一座里程碑，"出入龚时，誉越远亨""前无古人，后无来者"，耸立在紫砂艺史的制高点上，为人楷模。紫砂业一代新人也在茁壮成长，经考评，1989年3月晋升高级工艺美术师的有顾景舟、蒋蓉、徐汉棠、徐秀棠、李昌鸿、沈蘧华、李碧芳、汪寅仙、吕尧臣、顾绍培、吴震、鲍志强、何道洪、谭泉海、储立之等。1993年12月晋升高级工艺美术师的有鲍仲梅、潘持平、何听初、曹婉芬、周桂珍、张洪华、谢曼伦、葛明仙、毛国强、沈汉生等。1995年晋升高级工艺美术师的有咸仲英、程辉、周正严、夏俊伟、凌夕苟、曹亚麟等。另外,早在1955年从艺的潘春芳被聘为南京艺术学院教授,许成权聘为助教。还有一位非常可惜的人才高海庚,因劳疾辞离人寰,他是一位不可多得的紫砂造型创作天才,英年早逝,实为宜兴紫砂一大损失。工艺美术师有四十多位,助理工艺美术师和工艺美术技术员有百数,高工中有顾景舟、蒋蓉、徐汉棠、徐秀棠、汪寅仙、吕尧臣、谭泉海、李昌鸿、鲍志强、顾绍培、周桂珍被授予"中国工艺美术大师"的荣誉称号。

宜兴紫砂陶艺迸发出前所未有的活力,创作理念与时俱进,新作层出不穷,艺术流派精彩纷呈。宜兴紫砂的未来,有待大书特书。

第二章 宜兴紫砂陶的原料特点

一、紫砂陶的功能与效用

由于紫砂材质的独特,加上做工的精细,紫砂壶具备了更为理想的功能与效用。紫砂壶,《闲情偶寄》曰"茗壶";《遵生八笺》曰"注春";《会典》曰"茶瓶";《资暇录》曰"茗瓶";《茶壶》曰"茶注";《文房肆考》《真斋清事录》曰"茶壶";《池北偶谈》曰"泥壶";《茶余客话》曰"砂壶";今仿《阳羡茗壶系》《阳羡名陶录》称紫砂壶为"茗壶"。

宜兴紫砂茗壶,"以粗砂制之,正取砂无土气耳"。(许次纾《茶疏》)

"茶壶陶器为上。"(冯可宾《茶笺》)

"茶壶以砂者为上,盖既不夺香,又无熟汤气。"(文震亨《长物志》)

"每一客,壶一把,任其自斟自饮方为得趣。何也,壶小则香不涣散,味不耽阁。"(冯可宾《芥茶笺》)

以上皆为从古至今文人雅客对宜兴紫砂壶的赞誉。

1992年3月,笔者在江苏省陶瓷研究所工程师叶龙耕先生、江苏省无锡轻工业学院(现江南大学)食品科学工程系许时婴教授和浙江茶叶科学研究所的帮助下，历时三个月，以"宜兴紫砂茶具实用功能"为课题开展研究，应用 TC—PIIG 型全自动测色、色差计等检测手段，选用宜兴紫砂壶、宜兴朱砂壶（即红泥紫砂壶）、白瓷壶、玻璃杯四种茶具，冲泡绿茶、红茶、乌龙茶三种，来进行茶汤中的色、香、味、水浸出物，即茶汤、茶色、茶多酚、咖啡因、还原糖、茶氨酸、茶乳酪等项目的含量测定。经实验测定，两种紫砂壶泡茶优于瓷壶、玻璃杯，尤其对维生素 C、微生物检测，紫砂壶的实用功能最为理想。

其一，暑天泡茶不易变味，而瓷壶、玻璃杯暑天泡茶经两三小时后，壶内、杯内有一层油质悬浮，此为茶碱分泌物，而紫砂壶内茶汤清润。

其二，茶是有机物，若因外出多天，一时忘却倒去茶渣，壶内茶渣难免变质，而宿着异味；只要倒满沸水，盖上壶盖鼓荡后泻去，即没入冷水中，急出泻去冷水，元气复矣。

其三，紫砂壶材为砂质，传热缓慢，保温性强，提握、抚摸时不感炙手，冬季捧壶还可暖手，双手搓摸于热壶，还有养生的作用。

其四，紫砂壶壁，含有气孔和双重气孔结构，冷、热急变性能好，寒天注入沸水，不会胀裂，温火煮水炖烧、烹蒸也无须担心炸裂。

其五，紫砂壶使用经久，涤拭日加，自发黯淡之光，入手可鉴，真是日久色泽生光明。你喜欢它，它也讨你喜欢。

其六，紫砂壶壁易吸茶汁，内壁"茶锈"不刷而无异味，壶经久用，增积茶锈，空壶注入沸水亦有茶香。茶锈经生物化验，内含灰黄霉素成分，有消炎、消毒之作用。

其七，紫砂壶形制有高矮之分，按茶沏泡之理，高壶宜泡红茶，红茶在焙制中经过发酵工艺，故不避深闷，更觉香浓。矮壶（扁壶）宜泡绿茶，绿茶在焙制中未经发酵，不宜深闷，故扁壶泡绿茶，能保持澄碧清新的色、香、味。

其八，紫砂壶的亚光宝气，在陶瓷艺品中独绝，以开水、热茶、茶汁养壶，养出紫砂材质肌理的真谛，为其他陶瓷所莫及。壶面切勿涂油，且边用边保持壶的洁净，养出研净色泽真面目，灿若披锦，为任何物体的色彩所不可比拟。

其九，用壶喝茶，一壶一杯，旋瀹旋啜，切勿用口直接对着壶嘴去喝，否则影响茶汁，且又不卫生，不利养壶、用壶之功。

紫砂泥制作的紫砂花盆，有保湿、透气、隔热的效用。

紫砂花盆，盆底开着大小不同的方孔或圆孔，盆脚把盆架起，即使是圈脚，在圈脚上一定开上弧形的孔，使盆底不仅美观，且透气、通风、阴爽，宜于植物根部吸收营养，避免植物烂根。

紫砂花盆，栽种花木，点缀盆景，陈放于天井庭院，日晒、夜露，由于盆壁含有气孔，传热缓慢，阳光日晒的花盆，盆面吸热量低，不像釉盆那样摸上去有点炙手，吸热低，传热慢，盆内泥含的水分不至于大量蒸发，保障了植物的水分，使植物长势茂盛，延长了植物生长期。

紫砂花盆，有瓦盆吸水、保湿的功能，放在泥土地上的盆栽盆、花木盆，盆的下部能吸取地上泥土中的水分，保持盆内泥的湿度，利于栽种，植物容易服盆，年年可少翻盆。

紫砂炊具蒸汽锅，用以蒸炖鸡块、鸭块、鱼肉，汤色清润，味道醇美，滋而不腻，肥而不黏，加入人参、天麻、枸杞子，饮补双得，是庖厨利器。

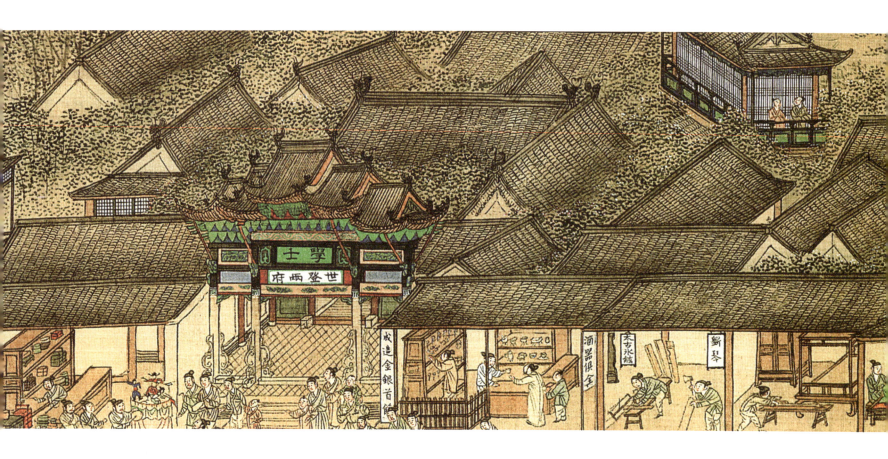

二、紫砂泥的矿源及选料

神州大地，不乏陶艺之英，但其中能较全面地继承和发扬传统制陶技艺的，当首推独树一帜的紫砂陶制陶术，这是千千万万手脑并用的智慧结晶。要说精湛的紫砂陶制作工艺，首先还得从宜兴得天独厚的紫泥土说起。

1. 紫砂泥的地质特征与矿体形状

宜兴紫砂陶所用的泥原料是紫泥、绿泥（即本山绿泥）、红泥三种，统称为紫砂泥。

紫泥：产于宜兴市丁蜀镇黄龙山，深藏在黄石岩下，夹存于甲泥矿层中。

本山绿泥：是中槽泥和底槽泥紫泥层的夹脂，故紫泥与本山绿泥有"岩中岩""泥中泥"之称。

红泥：产于宜兴市丁蜀镇西香山附近和川埠赵庄村一带，是嫩泥矿底部的泥料，质地坚硬如石，故云："未触风日之石骨也。"（吴

骞《阳羡名陶录》）

紫泥的地质特征及成因，基本上与甲泥一致，黄龙山甲泥矿，位于上泥盆统五通群上段。矿内有四个矿层层位，自下而上分别编为Ⅰ、Ⅱ、Ⅲ、Ⅳ、Ⅴ号矿层。

紫泥产于厚度为 8 米左右的Ⅲ号矿层中，在甲泥矿层的中上部，以夹层形式存在，顶底板均为其他品种的甲泥矿层。紫泥矿体形态呈薄层状，透镜状，矿层厚度在几十厘米到 1 米左右，矿藏矿层稳定性差，有时不延续而灭尖。紫泥矿土外观呈暗肝色、紫红色、紫色，夹有浅绿色斑点和细微的云母片粒，白银星云母片粒亦是紫砂泥区别于甲泥的最明显的特征之一。矿土为软质致密块状，用指甲可划出淡色的痕迹，斑状结构，烧后外观为紫色、紫棕色、深紫色。

本山绿泥是在紫泥矿层中的夹脂，亦称"龙皮"或团山泥。在本山绿泥上面的紫砂泥为中槽泥，在下面的叫底槽泥。绿泥矿土是薄层形，只有 2 厘米到 20 厘米的厚度，并常常断缺。绿泥矿土呈蛋青绿色，有细微云母片粒夹存，为软质致密块状，比紫泥还要软，用指甲可划出白色痕迹，斑状结构，烧后外观为乳油黄色、淡黄色。

红泥是嫩泥矿的底板，露天矿多。嫩泥是红色，矿土为软质块状夹有白夹，矿底板的红泥色呈橘红，比嫩泥坚硬，常有锋利锐角出现，从外至内呈色一致的红泥为优质矿泥。中间有心是深红色，俗称"烟瘪子"，含铁质高，必须去掉；有硫黄色层状，俗称"水锈"亦要去掉，以保证红泥纯净。烧成后呈深大红色、红色。

2. 紫泥岩石类型及矿物成分

据原建材部地质公司 1974 年 5 月的紫砂泥岩矿鉴定报告，紫泥岩类型为含铁质黏土质粉砂岩。

岩石主要有石英粉砂及胶结它的黏土矿物组成。石英碎屑孤立地分布于胶结物中，成基底式胶结。

碎屑部分

石英：次棱角—次圆状，粒度 0.02～0.1m/m，少数可达 0.15m/m，含量 50%。

云母：黑、白云母均有，鳞片状，往往围绕碎屑部分，含量 3%～5%。

长石：柱状，已风化成高岭石，含量 1%～2%。

硅质岩屑：粒度 0.10～0.15m/m，分布分散，含量 1%±。

褐铁砂：粒状，含量 1%±。

电气石、白钛石微量。

绿泥石、海绿石偶见。

胶结构部分

高岭石：鳞片状，含量 25%～30%。

水云母及绢云母：鳞片状，含量 3%～5%。

化学成分：SiO_2 56.96%、AL_2O_3 20.55%、Fe_2O_3 9.43%

紫泥经X光鉴定为石英、高岭石、赤铁矿和伊利石（水云母类）。在光学显微镜下，上述矿物在紫泥试样中共生在一起。

偏光显微镜鉴定

紫泥的结构及矿物成分,镜下观察情况是:粉砂泥质结构,碎屑矿物以石英、白云母为主,含少量长石。胶结物为黏土矿物,掺杂铁质呈棕色。

用电子显微镜观察紫泥,发现许多 $0.1 \sim 0.2\mu$ 大小的鳞片状晶体,经电子衍射鉴定为高岭石矿物。

综合分析,紫泥主要矿物成分为水云母,并含有不等量的高岭石、石英及云母屑、铁质等。紫泥中尚有 MnO、Cr_2O_3、CoO、PbO 等元素存在。(以上检测都是用薄片岩相鉴定等方法,检测紫砂泥的矿物组成。)

表一:紫泥的化学成分

试样名称	化学组成								
	SiO_2	Al_2O_3	Fe_2O_3	CaO	MgO	K_2O	Na_2O	Ti_2O	酌减量
北宋羊角山古窑残器	62.50	25.91	9.13	0.43	0.36	1.36	0.07	1.32	
1973 年取样	55.00	26.00	8.08	0.70	0.54	0.72	0.25		7.80
1977 年取样 1	60.74	21.29	8.48	0.48	0.34	1.74	0.25		6.44
1977 年取样 2	58.39	20.12	8.38	0.25	0.57	3.38	0.06	1.08	7.30
1981 年取样	52.83	25.61	9.39	0.83	0.32	0.95	0.15		10.30

丁蜀地区的四个紫泥矿与浙江煤山紫泥矿的紫泥化学成分对比见表二。

表二：五个紫砂矿紫泥的化学成分

矿名	化学组成					
	SiO_2	Al_2O_3	Fe_2O_3	CaO	MgO	酌减量
总工矿	64.30	21.69	9.58	0.95	0.68	7.00
工农矿	52.12	27.89	8.10	0.70	0.34	11.66
北山矿	63.16	17.10	11.65	0.60	0.40	7.08
煤山矿	46.30	34.30	2.30	1.00	0.34	15.34
中袁矿	59.40	21.84	8.00	0.70	0.50	7.09

3. 紫泥原料的工艺性能和特点

紫泥原料的工艺性能——可塑性、结合能力、颗泥分析、泥浆性能、干燥性能、烧结性能见下表：

紫泥的可塑性

原料名称	液限 %	塑限 %	指数	属性
紫泥	33.4	15.9	17.5	高可塑性

紫泥的结合能力

原料名称	不同加砂配比量（%）时的抗折强度 Kg/cm²			
	0	20	40	60
紫泥	30.0	20.5	13.5	10.5

颗泥分析（移液管法测定）

颗粒级百分比 %	>0.25mm	0.24～3.05mm	0.05～0.01mm
	24.12	3.81	42.87
	0.01~0.005mm	0.005~0.001mm	<0.001mm
	3.3	11.1	13.8

泥浆性能

原料名称	微流动水分（%）	小玻璃用量（%）	相对黏度	稠化度	水温（℃）
紫泥	120	1.0	1.93	1.65	10

干燥性能

原料名称	干燥收缩（%）	吸水率（%）	气孔率（%）	体积比重（c）	抗折强度（kg/cm²）
紫泥	3.8	7.1	20.9	2.79	3.00

烧结性能

原料名称	适宜烧成温度（℃）	吸水率（%）	烧成收缩（%）	体积比重（g/cm²）	烧成温度范围
紫泥	1250	3.96	5.73	2.70	较宽

以上数据充分表明，紫泥、本山绿泥和红泥，由于其固有的、极为合理的化学成分、矿物构成和工艺性能，以单一的泥种，通过粉碎、澄练、制备，即成为制作紫砂陶半成品（泥坯）的泥原料，这在制陶业上亦是少有和少见的，确是得天独厚。

本山绿泥。由于矿藏量不多，矿土价高于紫泥几倍，加上不宜制作和烧造过大的产品，所以只用于中小型产品。因此，大多用来作为化妆土，涂在紫泥半制成品的表面作为装饰。

红泥。西香山与朝庄村的石英红泥大部被水淹没，现在所用红泥是川埠红泥与嫩泥（选出红泥）配制的红泥。色泽和烧成温度都比较接近，总的烧成温度偏低。通常用于制作小件产品和用作化妆土。

紫砂泥有这些奇妙独特的性能，难怪古人有"人间珠玉安足取，岂如阳羡溪头一丸土"的赞语。

三、紫砂泥原料的制备

　　紫砂泥（俗称青泥）的澄练和制备，民国以前，加工设备和方法都很简陋，矿土开采技术也很落后，经营者以私人为主，开采矿土的主户人称"塘户"，业主雇工开采，采掘比较原始。矿工用一支钢钎，一把铁锤，把矿土一块块地采凿出来，然后装在两个簸箕内，一担担地挑出矿外。矿井壁上除了挂着的一盏盏幽幽的豆油灯用于照明，并无其他安全措施。"塘户"把开采出矿的紫砂矿泥卖给"磨坊人家"（粉碎和制备紫砂泥的专业户），把大块大块的紫砂矿泥，上堆风化，几天后再摊在竹席上日晒，不要让杂物混入矿土。然后一面用小榔头把它敲成枣核大小的小块，一面进行拣选去掉差的矿土。风化日晒后，将枣核大小的矿粒上石磨人工研磨，研磨后的泥粉，用粗细不同的麻布筛分筛，分筛后的泥粉倒在石盆或匹缸中，加12%的水拌和，然后在匹缸内把湿泥掇成一尺多长、六寸多宽的长方元宝状湿泥块，再把这种湿泥块堆放在保湿阴凉处，使之陈腐。把陈腐的泥块平铺在泥凳（即工作台）上，加入一定量的熟泥（制作过坯件的熟泥），这样一遍一遍地用大木榔头捶和，捶开压扁的泥割断两边，割下的泥平铺到泥面上再捶。不能把割下的泥颠倒横竖地放到泥面上，一定要按照顺序一层一层地放。一遍一遍地捶练，捶练的过程排出了泥中的空气，使泥的颗粒更紧密，增强了泥的可塑性。直到经捶练的泥，割开的横断面逐渐有光泽，形成光洁面，且捶泥用的木榔头不再沾泥，泥就算是练成了，成为可以制作坯件的熟泥了。

随着时代的进步，科学技术的发展，紫砂泥的粉碎方法由"磨坊户"的小磨坊生产加工发展到工厂的石轮碾加工，工厂的石轮碾又得到改进，变为用"抛球式雷蒙粉碎机"进行机械粉碎，开始了一条龙的机械练泥。

进入 20 世纪 70 年代，紫砂泥的制备过程，是将从矿井中开采出的矿土（俗称"生泥"，泥似块状岩石），经露天堆放摊晒，稍事风化待其松散，然后用"鄂式破碎机"破碎；破碎的泥入"抛球式雷蒙机"轮碾粉碎，按产品大小要求、泥颗粒粗细目数，送风选筛，筛后的泥灰由"双轴搅拌机"加 10% 左右的水搅拌，搅拌后的一块块湿泥，堆放入保湿间陈腐，陈腐后的泥进行真空澄练。这样，可供制坯用的"熟泥"就练成了。这不仅大大减轻了工人的劳动强度，劳动环境也相应得到改善。

本山绿泥、红泥的制备工艺与紫泥相同。

在紫砂泥澄练和制备过程中，所用水的水质也必须讲究，水质的优劣会影响制品的质量。风化期短的矿土，在搅拌时水中加适量的碳酸钡，以置换矿土中的酸性物质。制作好的半成品，要远避臭气和煤气，否则也会影响制成品的外观质量。

为丰富紫砂陶的外观色泽，满足工艺变化和制作设计需要，可把三种基泥料以不同比例混合配制，亦可在泥料中加入适量的金属氧化着色剂，选择和控制好窑内的烧制温度和环境，这样，烧成后的产品五光十色，或紫而不姹，或红而不嫣，或绿而不嫩，或黄而不娇，或灰而不暗，或黑而不墨。紫砂器的色泽，犹如颜色染在毛纺葛织品上，沉着凝重。细细观察，各种泥色里细含砂星，银点闪闪，日光映射，宛若珠玑。在泥中和以粗泥砂或钢砂，縠绉周身，珠粒隐现，更为夺目。近年来，还试制成功了带有自然光泽的红色、淡黄色和青铜色盖面浆，别开泥色装饰的新面目。天然的紫砂泥，经艺人们谨严工致的制作、装饰和工艺处理，粗砂制成的作品，妙不觉糙；细泥制成的作品，润而不腻；调砂、铺砂制成的作品，珠玑隐现，群星粲然；用化妆土涂饰的作品，髹和匀净。五色土的效果"妙色天错，灿若披锦"。

第三章 紫砂陶成型工艺技术

一、以紫砂泥泥料为基础

物华天宝，人杰地灵，宜兴具有得天独厚的泥原料，特有的原料产生了特有的成型方法，遂造就了成千上万的制陶巧匠名手。

紫砂泥可塑性好，生坯强度高，坯件的干燥收缩率和烧成收缩率小，为多种多样的品种、多姿多貌的造型、千变万化的线条，提供了良好的加工工艺条件。艺人们在紫砂陶成型技艺方面积累了不少宝贵的精湛技法，世代相传，精益求精。

紫砂陶品种繁多，其中以茶壶、花盆、花瓶为代表，用纯手工搏埴而成，沿袭优良的传统制作技巧技艺，体现出来的独特的优良的民族风格，极尽巧致。《阳羡茗壶赋》云："脱手则光能照面，出冶则资比凝铜，彼新奇兮万变，师造化兮元功，信陶壶之鼻祖，亦天下之良工。"由于陶工和艺人们充分认识了泥，掌握了泥性，所以在自己的制造和创作中，能重锼叠刻、得心应手地把坯体处理得珠圆玉润，规方挺括，形制上可以说达到了"综古今而合度，极变化以从心""毕智穷工"的技术高度和艺术高度，这都是由于特异的紫砂泥原料作为理想的基因。

紫砂泥原料，虽与陶土处于同个矿井，但它的矿土岩类有特殊因素，紫砂泥的分子呈页岩状，这就决定了它既不能采用注浆成型，亦不可取轮制旋坯成型，因为注浆与辘轳成型，制壶不仅费工，而且若有疏忽，烧成后的成品便有渗水之弊。所以，从历史上沿袭的"手工泥条、泥片拍打身筒"的成型方法，承传至今，未曾改变。

紫砂陶为中华民族陶瓷艺术创造保留了独一无二的制陶技艺。

二、紫砂陶的成型工艺

紫砂陶的成型工艺，承习和保留了传统的"手工打泥条、打泥片、围圆筒的打身筒法"（简称"打身筒"），和"手工打泥条、打泥片、裁片子的镶身筒法"（简称"镶身筒"）。搏埴了"方非一式，圆无一相"的各种造型来，主要的就是这两种手工成型方法，在谈这两种成型方法的操作过程前，先说一下紫砂陶成型所需的工具，这样便于理解操作中的一些叙述。

"工欲善其事，必先利其器。"在制作坯件时，首先必须把制作坯件的工具准备好，工具是手的延伸，特殊工具还可亲自设计制作。成型的主要工具是泥凳（工作台）、坐凳（工作坐凳）、木搭子、转盘（传统是木转盘，现在多采用手转辘轳）、薄木拍子、竹拍子（有大、中、小、圆平头和尖头几种）、规车（传统旧称"距车"）、墙车、旁皮刀、铁尖刀、竹尖刀、箅只、明甄（明针，牛角薄片制成），各种圆线、方线、筋瓢线的线杠等。每制一器欲达到设计、制作的要求和效果，还得制作专用工具，以适应不同的造型和不同工艺的要求。因此，制陶所需各种各样的小工具很多，不胜枚举，有的在记述具体成型过程时再补充。

三、紫砂陶的圆器成型

紫砂圆器成型，明朝前主要是模成型，周容《宜兴瓷壶记》记载："供春更斲木为模，时悟其法，则又弃模。"里墅羊角山古窑遗址发掘的残器、残片，与20世纪50年代丁蜀地区的白、绿货制坯方法一样，把圆器器皿造型自腹至肩、自腹至脚分成上下两部来做。首先打泥条，打泥片（通称"打作料"），按需要的尺寸用规车旋好片子，用墙车（距车）划好泥条，把划好的泥条围结在木制或陶制的模具上，泥条结口用拍子拍平，把旋好的圆片作底片，黏结围在模具的圆筒上，用拍子拍和润、平整，坯胎卸下模具，在畅口的坯胎上口蘸水接上开好口的圆片，圆片略虚起成穹形状，接好后用水磨布把内外接口抹平，用一个弧形括子（木片或橡皮片）在泥坯内部向上括（用左手），右手在泥外面用水磨衬着抹，括出一个器形来，再用旁皮刀、篾只在外面修和修光。另一个方法是上下两部，都用模铠好，腹部蘸水相接，加工顺序与前同。《阳羡名陶录》叙："淘细土抟坯，茶匙穴中，指掠内外，指螺文隐起可按，胎必累按，故腹半尚现节奏，视以辨真。"这说的就是供春制陶方法。自明朝时大彬后，"时悟其法，则又弃模"，这是说时大彬不用模具铠制，而另外有一套制作的方法。这个方法就是：打泥条、打泥片，划好尺寸，置于转盘，围结成圆筒形，用薄木拍子，以边转边打的拍打成型方法来做壶身。精湛的徒手操作技法，就此开始形成，并逐步成熟。

圆器成型，"打身筒成型"法的操作顺序是：先将澄练好的熟泥放在泥凳上，开成泥路丝（即1～1.5厘米宽，4厘米厚，25～30厘米长的泥条条），同时切好小泥块（3厘米宽，4厘米厚，4～5厘米长）。把开好的泥路丝提一条平整地放在泥凳上，用木搭子把它敲成平整的2～2.5毫米厚的泥条，把小泥块用搭子敲成平整的厚2～2.5毫米的圆形泥片，用墙车划出泥条的宽和长，用规车旋出器型的口和底，同时打一块6毫米厚的圆片，旋作围片（即器型的近似腹径），用水把围片粘贴在转盘的正中，两手提起泥条的两头，靠着围片把泥条竖直，沿着围片把泥条圈接一个圆筒形，圆筒形的两个泥条头用旁皮刀切开，用薄木拍和竹拍子把接头接和润，不露接头痕迹，并做上记号（记号处就是装壶錾的地方，用十字对称方法，检验身筒是否挺直，调校端正）。在圆筒口上用水笔蘸一圈薄薄的水，左手衬在圆筒内，右手握着薄木拍子，很自然地一拍一拍向圆筒匀速度地拍打过去，转盘亦自然地自转起来。同时，两手配合逐步把圆筒向内收口。打身筒成型是做器型的底部，看收的口已符合底部尺寸时，检查一下拍打的圆正程度，校正后，用脂泥筷掺和脂泥（稀湿的泥糊状的泥），脂泥筷着好脂泥均匀地掠到收口的圆筒口上，把旋的圆底片用旁皮刀托好，镶接在收口的圆筒口内，这样，把底部片子粘接好，理圆正，再把做好的下半部圆身筒翻过身来，周正地放在围片中间，用竹拍子伸向身筒内底部，掠去接的多余脂泥，接着在敞口的圆身筒上口，蘸一圈水，如做底部那样，拍打身筒的上半部做口，拍打收口至口径要求，同样用脂泥粘接口满（坯胎的壶身，要加颈，开壶口，坯胎的口与壶口分清，所以坯胎的口不能开着，而要满着，所以称"口满"），满片接好，这样就做成了一个球鼓形的空心壶身，土语叫"毛身筒"。然后，按造型形制整理毛身筒，左手抚着毛身筒，右手握着薄木拍子，旋压旋搓，或按或提，把空心毛身筒擀出器皿的轮廓线，或抛物线、弧线、曲线、双曲线、曲直线组合或过渡、正反弧线线段相切等造型的轮廓线。之后，用竹或木制的篦只，把轮廓篦和篦匀净，使器形骨肉停匀，如同范型，分毫不差。整理好的身筒，待晾到一定干湿度，再在整理的身筒上按脚、接颈，在接好脚、颈的身筒待凉时，搓毛嘴、整筒盖头（做盖头毛坯）、搓毛摘手，操作好再回过来完成身筒的假底（即光脚），勒颈箍（光颈箍，如要在口上加线，可一起勒线，勒好后开始光第一遍身筒（用牛角薄片的明针在身筒上旋刮），光好的身筒放入保湿的套缸内润湿，再把毛嘴、鋬、摘手做光，把盖子勒光，装子口（盖的内沿，戴在口上的圈），这样把润湿的嘴、鋬，装在润湿的身筒上，嘴、鋬黏接时，注意十字对比，成一直线，嘴、鋬与壶口成一水平线，装好放入套缸，然后挖盖头做盖头装盖摘，装好放入套缸润湿，调过来琢壶的嘴鋬。第一遍为琢毛稿，用竹尖刀琢，第二遍用铁尖刀琢光稿，光稿完毕，用明针光嘴、鋬，搓嘴、鋬，搓身筒，搓好后，是明嘴、鋬的用铁尖刀转脚，嘴与鋬在身筒相接，琢和润的为暗嘴、鋬，只需转鋬稍、转脚是理光交接的斧凿痕即可。

装嘴、鋬有两种操作方法，一种是把壶口开好装嘴鋬，一种是不开壶口装嘴鋬，这是由造型要求和制作者本身的基本功决定。

不开壶口的做法，在脚转就绪，开口，做好口，与开口的操作一样，进行盖底印。盖底印要盖在底的中央。盖鋬稍盖印，有的还盖鋬稍壶身印，底部、鋬稍印必须同一方向，切忌背向倒置。壶身工序基本完毕，继续做盖，琢摘只，理好，光好，在未装摘手时把印盖好，有的还盖子口印。这样，一件圆形的壶坯就制成了。完工的盖，盖在壶口时，往往会略大一线，这是克盖的自然现象。待到手摸到坯体，已经脱手，就可校坯整口。校坯就是把坯周身观察一遍，看有否异常，并用一块校坯布，或薄泡沫海绵，把坯壶抹一遍，抹出亮光来，这时的乌白坯就可整口，把口盖整得直径通转，榫缝不苟丝发，盖边、口边吻合，浑然一体，天衣无缝。

在各道工序的加工过程中，必须有规范。用脂泥复只、勒只、线杠、牙只、完石、挖只、挖嘴刀等铁、木、竹、石、塑料等材料制成的各种小工具，在泥坯上压、旋圆（宜兴有口音，读"完"）、按、勒，做匀压光，使制成的壶等产品高、矮、大、小和设计图形制相一致。

四、紫砂陶的方器成型

紫砂陶的方器成型，手工操作是采用"镶身筒成型法"。镶身筒，必须首先把需要制作的器皿，或四方，或长方，或六方，或八方的样板（样板一般用金属片如薄铜片、铝皮片、锌片、不锈钢薄片和薄塑料片，有壶身样板，壶底、壶满、壶口榫板，壶盖、壶子口、嘴、鋬、摘的样板）配好，然后开始操作。方形的壶只要切好泥块，而方形的花盆就要开泥路丝了。把切好的泥块（4厘米×4厘米×4.5厘米）用木搭子打成2.5～3毫米厚的薄方片，把片子晾一晾，手摸上去有点干燥结节（不像打片子时那么烂）时，就一块块放到转盘上，把样板放在泥片上，或加用钢皮尺，用旁皮刀或裁刀，把泥片裁切好。切割时要注意刀法，如在墙的斗角时，旁皮刀要以30°的斜角裁去，这样角就挺。裁好的泥片，按不同方形的器型，有的须坡起一点的，就要用虚驼（用石膏和泥制成用薄棉布包好），虚驼是按器型的不同弧度和抛度做成，不需使用虚驼的，泥片也必须捏好，轻轻地把裁好的片子的四边，匀称地在泥凳上磨一磨，然后先把两爿用脂泥粘贴接好，成直角放在转盘上，再粘第三块、第四块，粘接成方筒时，凭自己的目力把方形校正好，用小竹拍子掠去身筒斗角的脂泥，先镶底片，镶好翻过身来，用竹爿拍子掠去方身筒底内的多余脂泥，接着镶接满片（满片是做毛身筒时的术语。因为它不是做壶口，所以不能称其为口片，而是把毛身筒封闭起来，宜兴土语说"满起来"，所以叫满片），这样，方形壶的毛身筒就做成了。待凉一凉，方器要勤转凉，不同于圆器，这一点绝不可疏忽。以下的操作程序与圆器一样，上假（脚）、颈、嘴、鋬、口、盖、摘手，整形、夹光，直至半成品完成。一道道工序下来，其中与圆器的差异是：圆器整形、加工，用的工具是篾只，两手的动作，腕和指都是转圆的动作；而方器的整形、加工光洁，其工具是竹爿拍子，全靠自己的目力进行校正。方器光洁的加工，第一道是打泥片。用竹签子把泥片夹光，裁片子时用旁皮刀把片子一块块夹光，虚片和镶身筒时用明针和旁皮刀将一面面夹光，右手用拍子或旁皮刀，起落用的力要均匀，像写字一样，横平竖直，手势不能带圆弧。另外，方器凉坯，要格外留心，要勤转凉。口盖的处理要细心，一定要掌握好坯的干湿度，有些经验性的操作处理方法，难以言表，各家有各家的做法，各有千秋。方器的盖章、校坯工序和圆器一样，重要的是要比圆器多留点神，不能功亏一篑，这样才能喜获成果。

五、紫砂陶的花器成型

紫砂陶的花器，又叫花货、塑器，土称琢挡生活。其花器的表现形式，有象形变化和写真写实两个类别。传统器以象形变化者为多见，艺人们将日常生活中可见到的各种自然形象和各式物象的形态经提炼和艺术加工，设计成器皿的造型和装饰。如羊角山古窑址出土的"龙形嘴"，供春捏筑的"树瘿壶"，就是早期的紫砂花器。现在常见的以松、竹、梅为题材的壶，有以嘴、鋬、盖摘塑成松、竹、梅的杆的形态装在圆器和方器上，亦有壶身做成松椿、梅椿或竹形，再把松、梅、竹形的嘴、整盖摘粘接到壶身，浑然一体。再花哨一点的就是从嘴、鋬、盖摘上攀出小枝，贴上梅花、松针和竹叶，有的设计是在盖的边上，或壶的口、腹、脚等部位，选其一处，起上一条圆线，在圆线上塑成竹节、竹圈，再攀出枝梗，贴上竹叶，煞有情趣。方器，则在壶身的角边上饰有竹节，攀上竹枝，贴上竹叶，以作装饰。

在塑造和设计花器时，必须抓住要表现的物象形态的特征，主题突出、手法简练，在踵搏口、鋬、摘手和壶身的装饰上，必须求得触觉上的舒适，视觉上的美，功能上的合理，使用中的牢固，使花器既有观赏价值，更有日用价值。若是一件艺术品，就不能用上面的标准来衡量了，如传统器皿的包袱壶，印包壶，壶身形象地塑造了一个包袱和印包，壶的嘴、鋬或正方，或扁方，盖摘都是包袱的结，变化后形象完整，嘴、鋬、摘协调，是传统造型的成功之处。

写实、写真，是充分利用紫砂泥特有的色彩，表现出实物的质感，如花生、白菜、乌菱、栗子、瓜子、茨菓、胡桃、荸荠、花朵、藕、虫、桃子、松鼠、鱼、田螺等等，形象逼真。写实写真不等于一成不变地模仿，它亦包含有艺术提炼的一面。如传统传器——南京博物院藏的圣思陶杯，重镂叠刻，玲珑剔透，技巧精湛，是紫砂陈设艺术陶的鼎力之作。

现在写实写真的作品也日益增多，充分利用了紫泥材质的美，塑捏出的石磨、木箱、竹筒、榔头、锤子、钳子、刨子、木桶、房子，形象逼真，别有一派。亦有新潮作品不断出现，如玉柱壶，如石如木，还有陨石壶、时装壶等都别具一格。新潮作品中还有一些造型抽象的壶，都是用雕塑手法创制的。

为提高功效，花器成型大都采用泥塑母型，翻模挡坯，这是一种制作方法；还有相当一些定型的传统产品，是用徒手塑造的。总之是各有自己的方法。花器中堆雕、堆塑的作品，必须掌握好操作的干湿度，一道道工序按部就班，不能操之过急，完工后的作品，要待阴干，切勿曝晒，校坯时要细心留意，每个粘着均要达到看不出瑕疵的水准。花器的盖印，也可艺术化一点，印与装饰面可结合起来，广增艺术趣味。

六、紫砂陶的筋瓤器成型

紫砂筋瓤器，亦是紫砂造型的一种特有门类。它以凹凸钝角的线，或纵或横，或纵横组合，在圆器、方器上制作线纹。它的制作方法是：在圆器、方器的毛身筒上，按产品和设计的要求，是几边形的，就分成几等分，在分成的等分上，抽出（或压出）瓜棱筋瓤、花瓣筋瓤、菱花筋瓤、旋纹筋瓤、涡线筋瓤、云水纹筋瓤等等。现举例在圆器型上抽菱花纹筋瓤。先按制品要求配好壶身筒底，满的菱花样板，同时把壶口、壶盖、开口、子口等菱花样板配好。这个圆器毛身筒的造型是收口、收脚，腹臌如罂的式样，毛身筒用篦只篦好，口样板放在满上，是凹的大括弧线。先磨一根压线工具，把凹线压下去，在凸起的大刮线，用较湿的泥，搓一条泥线条贴在器型上，按凸凸出线的顶点，把泥条线压向两边，成为凸起的大括弧线，这样，凹凸的筋瓤线就形成了。如腹部再用横向的大括弧线截断的话，上、下、中间纵横向的大括弧线菱花线交错，格外好看，这就是传统的菱花壶身了。

在壶身制作旋涡纹、云水纹的操作方法，与样板花纹又有不同了，以传统造型鱼化龙为例。在圆形身筒上，配块六等分的样板，样板接在身筒满上，用金属丝一根（铅丝，铜丝等柔软的含金丝），把它曲成涡线纹样，这根涡线纹样的金属丝在身筒上慢慢压出纹路，用线杠磨成攘揿凹涡线线杠，沿着压出纹路，揿出涡线来，待凉一凉就可用明针光刮，壶身就制成了。

在壶身上制作横向凹线筋瓢的操作方法是：在已拍打好的圆体身筒的壶身上，以满片的圆心吼孔为圆心，用专门揿线的竹钉规车（规车钉不是铁钉而是竹钉），沿着身筒，规出一条线，然后用揿凹线的线杠，循着竹钉线，一遍一遍地揿下去，直到合乎要求为止，横向的筋瓢凹线装饰就制成了。

在壶身上要制作出横向的凸线，有两种方法。一是在饰线的地方着上一圈脂泥，再用凸线的竹复子（有圆线，三角线）把脂泥处刮出凸线筋纹线来。二是先制好一块长条的石膏板，板上刻出凸起的筋线，泥条放在石膏筋线板上，挡出一条线来。做竹节线就采用此法。

为提高功效，规范器型，现在采用实心制模、挡坯方法的居多，这样规格亦统一。

七、紫砂器构件的成型与粘接

紫砂器的造型多样,形制不一,因此它的结构件——嘴、鋬、盖摘、足和线的装饰,与壶身一样变化无穷。

1. 壶嘴

常见的壶嘴,有直嘴、一弯嘴、一弯半嘴、二弯嘴、三弯嘴、喇叭嘴、琵琶头嘴、鸭嘴等,形状有圆嘴、扁圆嘴、方嘴、扁方嘴、超长嘴、缩短嘴、各式花货嘴、大肚部嘴等。

壶嘴的制作方法是,先准备比打泥条、泥片的泥还要湿些的泥,含水约13%,捶练和润,把它推成7厘米左右长,大头2厘米粗的锥形嘴料,左手捻起嘴料,右手握通嘴刀(约25厘米长的铁尖刀),蘸一点水,尖刀插入嘴料大头,同时在泥凳上横向推着转着,直到尖刀头插出嘴料锥形尖头,把插在尖刀上的嘴料连尖刀竖过来,两手握着铁通嘴尖刀自右向左地混,嘴料经插在肚中的尖刀，与泥凳磨混的力，使壶嘴米料粗空起来，这就叫通嘴。到空心张到一定圆度，取下通好的嘴，套在左手小指上，右手的大拇指再内压，右手的中指、食指把嘴料向内弯，弯到120°角时，取下套在左手小指上的空心嘴料，左手大拇指、无名指、中指三指握着空心嘴料，右手大拇指、无名指、中指三指在弯曲的空心嘴料上，用衬的力，轻轻地一衬一衬地把弯度再曲过来，直至近似90°的"7"字形状，空心的毛嘴米料就搓成了。待凉到一定干湿度，便可精细加工，做成符合要求的嘴，装接到壶身上。

2. 壶鋬

鋬有圈鋬（又叫"封箍鋬"）、健鋬、直鋬、倒挂鋬、飞鋬、"了"字鋬、双圈鋬、提梁鋬、半提梁鋬、横握鋬等等。鋬形有圆形、方形、扁圆形、扁方形、琢椿头鋬、喇叭形等等。鋬的制作，是用制作壶嘴一样湿度的泥，左手把它捏成头粗尾瘦的锥形条，在泥凳上将它搓匀，一般长14～15厘米，鋬条大头为1.6厘米圆径，尾端为1厘米。搓好后把鋬条倒过来大头在左，尾端在右，右手握薄木拍子把搓好的一条鋬条擀匀。擀匀的鋬，左手大拇指、食指、中指三指捻起鋬头，再轻轻地把鋬由尾至头放到泥凳上，同时寸三指捻着的鋬头慢慢向左弯去，使鋬头弯成一个半圆圈，这样左手的大拇指、食指捻着头，中指揿着鋬头，右手食指抵着鋬背，大拇指和中指捻着鋬的中部，凌空而起，这样双手的几个手指又捻又揿地把鋬头的半圆形捻圆，再放到泥凳上，左手大拇指抵着鋬稍，轻轻地把它一圆过来，鋬形就搓好了。左手五指粘吸着湿的泥鋬，轻轻地放到条板上，放在阴凉处把它凉一凉，待到可以加工时，加工和润，光滑，合形，粘接到壶身上。

提梁鋬的制作。先用嘴鋬泥搓好毛料，用木材或石膏，做出提梁鋬内形与外形的衬板和托板，毛料提梁鋬凉到一定干度，加工提梁鋬外形，就把毛料鋬放在衬板上做（内圈型），加工提梁鋬内形，就把整好外形的鋬，放在托板上（外圈型），之后加工精细，内外整理合乎要求，就可粘接到壶身上去。

横錾的制作。国内两广地区喜用横錾，国外日本也喜用横錾，横錾的錾形有圆形和柄状两种。圆形横錾的制作，与壶形一样，其不同的是，壶嘴錾和壶的中心线成一直线，横錾与壶的中心缝成90°角，执壶的圆形錾与壶嘴是在十字交叉线上。柄式横錾，宜兴传统日用陶早已有此形式，柄状为两头喇叭形，一头大喇叭，一头小喇叭，小喇叭的一头是装接在壶身，大喇叭一头为把手，它的制作像搓嘴、錾一样，不过毛料是两头粗、中间瘦的腰鼓形（朝鲜腰鼓），用通嘴的铁尖刀，两头通穿，晾干加工，刮光，装接在壶上。

3. 壶盖

壶的另一组结构是壶盖。壶盖有克盖（压盖）、嵌盖、截盖三种，在三种类型中又有平盖、线盖、翻线盖、虚盖、盆底盖、牛鼻盖、包盖的式样出现。其中"包盖"可单独列为一种类型，亦可作为克盖的一种。

克盖（压盖）。盖边戴在壶口，比壶口略大出一线的叫克盖，土话"天克地"，表现形式有平盖、线盖、翻线盖、盆底盖、牛鼻盖。它的操作要点，是要掌握好盖片和盖座片（用两块片子粘接成盖的，底下座的片叫"座片"）的硬度，干硬过壶口的湿度。把旋壶口外径尺寸的规车，旋好座片，将燥结的盖篦匀，明针刮光，接盖子口做盖，直至盖完成，这样的盖就会大过壶口线，感觉就衬势美观。壶子口必须勒直做挺，直径通转，烧成后泡茶倒水盖口紧密，方无落帽之忧。

嵌盖。盖子嵌在壶口内径的叫嵌盖，一般表现形式有平嵌盖、线嵌盖、云盖嵌盖。它的制作方法是，把壶口内径的片子经规车旋后完好地取出来，先倒角，按规车线把下沿的直角倒成钝角，使盖边沿与壶口间隙只有线，而盖座底与壶口之间的间隙要大些的效果，这样篦和，刮光，装接盖子口，直至完工。工艺要求嵌盖，必须榫缝不苟丝发的严密。

截盖。盖边与壶的口边在一条弧线上像是截成两部分，叫截盖。一般的表现形式有方线截盖、平盖截盖、虚盖截盖。虚盖截盖居多，它的制作方法是虚盖的座片，制作时的干湿度与壶口榫片的干湿度一样，片子用木搭子打好即可用壶口榫片的规车把盖座片旋好，用6厘米宽的薄片竹勒子，沿座片底边，勒成80°锐角，着上脂泥，用虚驼把盖片虚成馒头形。在馒头形的虚片内着上脂泥与座片粘接起来，粘接好用薄片拍子干圆一遍，用竹盖勒子一圈圈地转着勒圆，待晾干、燥结时做光稿盖。竹盖勒子再勒一遍，明针光和润，座底片平正，圈接子口，装子口勒子口，待晾干，子口与座片湿度均匀后，用挖刀把子口内的座片挖去，把盖内干结的脂泥挖圆浑，用竹刮石刮圆和，用陶制完盖石把盖内圆光，蘸点水把子口头水磨平正，磨布抹圆子口头，薄牛皮磨布抹光子口头，壶截盖制成。

包盖。包在壶口外沿的盖叫包盖，有人亦称"帽盖"，形容像帽子一样戴在口外沿。一般罐类、器皿、茶杯盖采用这种形式，后来壶上亦有采用。它的制作方法像做小圆盒那样，把小圆盒的底开成壶口外沿尺寸，包盖就成形了。

盆底盖。俗称脚盆底盖，这是早期的紫砂大壶盖，一直沿传至20世纪70年代。它的制作方法是三块片子粘叠成，一块厚7～8毫米，一块厚4～5毫米，一块2.5毫米，7～8毫米厚片盖边尺寸略大于壶口外沿，其余两块用壶口内沿尺寸旋圆，并7～8毫米的片和4～5毫米厚的片要旋一层，二层就是再旋一圈内心，都按圆心粘叠起来，晾干，把两块厚片的二层出，盖内复上脂泥，晾干，用圆盖石圆光，盖面、盖边勒光，做光，即可。

牛鼻盖。它是线盖和虚盖的组合。盖的盖顶呈弧穹形，盖边有一条圆线，在虚盖弧顶面上，沿盖边线开两个对称的椭圆孔，大小比例适度。椭圆孔做玉器，光润，以各自的审美能力来度衡，以求得法美观。

4. 盖摘

盖摘，又称摘手、的、的手、的只。它的形状有圆珠摘、矮圆摘、圆柱摘、扁圆摘、橄榄摘、扁圆桥梁摘、桥梁摘、圆桥顶摘、方桥顶摘、正方摘、长方摘、瓜柄摘、树桩摘、昆虫摘、动物摘、云纹摘、竹枝摘、三角如意摘、僧帽摘等等。盖摘造型基本上是壶身造型的缩影、壶身主题表现的概括、壶身内容表达的标示法，并与壶身壶盖结构和谐得体。其中圆形的摘手大都是徒手成型，它的制作方法是，用搓嘴、錾时的泥，左手先搓一段长15毫米、直径1.5～2毫米的圆柱棒，用右手握薄木拍子把这段毛摘段搓擀平整光滑，这就叫"搓的段"。的段搓好，晾干至一定硬度，在圆柱的一头插入一根8毫米长的锥形竹棒（插入4毫米），左手握好摘段，摊在手中，把竹棒顶向胸口，右手握着薄木拍子，成45°的斜面，向的段切削似的敲去。同时，左手把的段自右向左挖转，直到把的段头拍成剑头形，再把薄木拍子在剑头形上搓一搓圆，这样右手握住的按子（的按子：捻圆的子的竹、槽工具），在剑头形位置自左向右地拖、拉、滚、捻，把的只捻圆，捻好后用旁皮刀在的足处边转边切，把的子切下，这

样一粒一粒地捻下去。

矮圆、圆柱、扁圆、橄榄等形都可用此法，就按的只的竹槽深浅来制作。

方摘、长方摘、方形桥梁摘、方桥顶摘，用样板裁出的子，切光、夹光、做光就好。

异型摘用雕塑的手法，塑出的子形制，如树桩、竹子、动物、昆虫、蔬菜、云纹，塑好后制成模型，用印模的方法制作。

5. 壶底

壶脚的构件处理。紫砂壶底脚一般有圈脚、一捺底、罗汉脐底，三脚鼎足、四脚鼎足、六脚鼎足和八脚鼎足等。

圈脚，紫砂成形术语叫"假底"。是上平理刮光的坯身筒底上加一块片子叫假底，这种圈脚有外暗内明的，有外明内暗的，有内外皆明的，或内外皆暗的。明就是交接处有角，有90°角，120°角不等，形成角为明。暗，就是在明的交接处，亦就是角的地方，复上脂泥，用复只（复只头呈圆弧状）把脂泥掠去，待晾干（有的要复两遍，一般一遍就可），用陶圆底石圆光，用明针光松合，外轮廓的暗，要用旁皮刀把假底边夹下来，与壶身接和，用篦只篦和用明针刮光方可。

一捺底。即把壶底心压成一个锅子形，这样的底叫一捺底。制作方法是在打毛身筒时，把底片在虚驼上虚，虚成一个圆弧弯形，镶接到壶身上，再用虚驼（灯泡一样的弧球面）在圆弧弯形底上，琢凹陷，呈锅形成一捺底。

罗汉脐底。一捺底的锅子形有回字形的两圈叫罗汉脐底。制作方法是，底空虚片，预先用有回形圈的模具挡好取出，像上一捺底一样装接到壶上。

三足鼎脚。它的形状有钉鞋子形、扁圆形、乳头形、圆锥形、三角形、如意头形、云纹形及各式雕塑的象形、写真的脚形。一般为求得高矮大小一致，大都采用模子印形，加工后装在壶身，待晾干，如琢嘴、錾那样琢好，明针刮光。不仅要看三脚是否平稳，主要检测是否口平，三脚要装得等分才合要求。

四足鼎脚。大都是圆锥形和雕塑形，制作方法同上。四脚的平稳，口的平整比三脚的操作要困难一些。

六脚鼎脚和八脚鼎脚。大都是在六角、八角的形上装的脚。有两种做法：一种如圆器上粘接假底片那样，接好后，等分地切去中间一块，留下角上的底六脚、八脚；另一种是印模的脚，印好后粘贴到壶身。六脚和八脚一般以矮脚为宜，高脚就显累赘，既不稳亦不美观，所以高脚也是极少极少的。

6. 壶线装饰

紫砂壶线装饰，是在丰富的各式造型上加线装饰。装饰的线条有圆线、方线、凹线、凹凸线、碗口线、鳝肚线、鲫背线、飞线、翻线、云肩线、弄堂线、侧角线、隐线、偶角线、暝角线、竹爿浑线、子母线等。

圆线，俗名灯草线。在壶的口沿、壶肩、壶腹、壶足、盖沿或其他适当部位起上一条粗细适度的圆线。

方线。在圆线部位起的同样的线不是圆的，而是方的。

凹线。即在一个平面或弧面上起一条凹进去的线叫凹线，凹陷的线有呈半圆、三角、马槽形等多种式样。

凹凸线。在壶身起一条由凸出凹陷结合在一起的线。线形有方，有圆，或方圆组合。

碗口线。口外沿起的线叫碗口线。形制有圆头的，带角的，飘出的弧线。

鳝肚线。壶体或平面表面浮起的弧形线，比圆线要扁平些。

鲫背线。在鳝肚线的中心，有隆起一线顶背的线。顶尖又不能是锋刃的锐角，要有肉感。

飞线，又叫活线。大都在口、脚起飞线，线薄而圆，有凌空之感。

翻线。一般是盖沿的圆线一直延伸到盖的背上，叫翻线。

云肩线。与活线大体相同，常用于壶颈部、口下沿等转折部位，线条一般较薄。

弄堂线。两条平行而隆起的圆线或方线，间有夹小距，这样构成的线为弄堂线。

侧角线。在正方、长方、六方、八方等多边形的形体上，凹陷一个弧度的线，叫侧角线。

隐线。紧靠在一条主线旁边，辅细线为隐线。

偶角线。在角上凹进去的线为偶角线，凹陷的角，极限为 90°角，一般大于 90°角。

曘角线。线型与偶角线相仿，但凹陷的角不可成角，而是以小弧度过渡联结两角的线。

竹爿浑线，也叫竹爿线。比鳝肚线扁平些的线叫竹爿浑线。

子母线。粗、细两根相结在一起，或线间略有间隙的线叫子母线。

以上线的表述，基本上是根据恩师顾景舟大师和苏州红木雕刻厂陆涵生大师在长期实践中运用的资料汇集，它为我们对线的运用和再创造起到启发、指导作用。

第四章 紫砂壶的艺术创作

　　我们常说，艺术是私人感受，就像一千个人眼里有一千个哈姆雷特；不管是从观赏还是从创作的角度，艺术都是人们当下感受、心境的投射。我们又说，艺术是全人类的，因为历史的洪流把我们每个人的生命都汇集在一起，生命的轨迹交叉、重合又发散，我们不仅经历着同样的时间、空间，也共享着情感与灵感。所以，紫砂艺术，我只能从我谈起，从我和紫砂的缘起说起。

一、走进艺术殿堂

1. 徽商后裔

"前世不修，生在徽州；十三四岁，往外一丢。"广泛流传于徽州的这段民谣，生动地描述了皖南地区何以会"十里一牌坊、五里一状元"，以及华夏大地徽商遍布的历史原因——由于贫穷落后，父母都希望孩子能从小就外出读书，经商，金榜题名或腰缠万贯回到家乡，光宗耀祖，这才是"娘的宝贝"，否则……

我的祖父李隆馨，便是生在皖南休宁县流口镇的一名"前世不修"的徽州人。他从小走出大山，先是靠卖苦力谋生，少有积蓄后开始干起走南闯北的"挑发脚"生意，即将此地的物产挑到彼地去卖，以赚取利润的小本生意。祖父未能衣锦还乡，后来定居宜兴蜀山，开了家"开泰祥棉布呢绒绸缎店"，并生下四男二女。不知这"徽商的血液"对其子孙后来的事业发展，是否多少有些内在影响，但"徽商后裔"的身份，却直接关系到我后来的求学机遇。

我的父亲李兆禄，是祖父的四子，排行第六，很早就到常州嘉声纺织厂做工，1932 年与在湖州开茶烟店的徽商凌嘉声之女凌招娣成亲。婚后父亲另立门户，住在河岸边的蜀山北街当房弄，对岸即蜀山。1937 年 5 月，作为他们的独子，我降生了。父母希望儿子的一生能够"繁荣昌盛、昌隆发达，鸿运当头、洪福齐天"，实现光耀门庭的徽商夙愿，所以给我取名"昌鸿"。

2. 启蒙之教

1945 年，我进入东坡小学堂读书。因兵荒马乱，1946 年至 1947 年间，父母将我留在所居住的当房弄，读了一年私塾；其后才重回东坡小学就读，直到 1950 年高小毕业。6 年小学的启蒙教育，私塾与东坡小学的不同，使我了解了中国传统文化，打下良好的文学基础；另外则是书法训练。我先后练过柳体、瘦金、魏碑。在重回东坡小学就读后，于 1948 年举行的"丁蜀八区初小学生书法竞赛"中，我还获得了第三名的殊荣。在光绪年间废科举、兴学堂之维新潮流中，由东坡书院改制而成的东坡小学，属于"洋学堂"，与私塾的最大区别是老师对所授知识，都会有所解释，讲"意思"，讲"所以然"，而私塾只是背书。

童年的书法功底，在我日后的陶艺生涯中起到了十分重要的作用。

3. 同乡会助学

1951 年，我进入初中学习，拖家带口的父母却时时担忧会因经济拮据导致我辍学。在这种忧心忡忡的日子中，意外之喜突然降临。

1952年"五一劳动节",从常州放假回家的父亲高兴地告诉母亲和我:"常州有个安徽同乡会,凡名在其中者的后代读书有困难的,都可申请助学金。同乡会名簿中有爷爷李隆馨之名,咱们也是徽商后代呀!"

同乡会的资助,解了李家燃眉之急,使我得以顺利读完初中。也正是由于得到同乡会的资助,家里才知道自己是徽商的后代,并了解到故乡勤于习文读书、尊儒重商,肯于将经商获取的钱财投向教育的民风。

1953年初中毕业后,为了开阔眼界、增长知识,我恳请父母支持我到南京读高中。但这次金陵赶考的结果,却是名落孙山。幸运的是南京有宜兴同乡会办的"宜兴文化学校"(高中),而且免学费、住宿费。于是我又开始每月从父亲的工资中分得三分之一(15元),维持在南京读书的生活。入学后,我成为学生中的活跃分子,并有幸在学校担任学生会秘书长。在众多同学中,我与同样喜欢绘画的同桌杨佐渝是最要好的。一次,我画了一幅授课老师的速写,杨佐渝十分欣赏,便将我引荐给他的父亲——任教于南京大学美术系的著名画家、美术教育家杨建侯教授。

杨建侯是著名画家徐悲鸿的学生,是一位德艺双馨、和蔼可亲的长者,像他的恩师徐悲鸿先生一样重才爱才。他欣然收下了来自恩师故乡宜兴的我为弟子。

尽管每周只有两次,需要步行一个半小时到杨教授家上课,但我十分珍惜能够诣名家之前、得耳提面命的学习机会。我终于有机会全面、系统地学习绘画理论与技巧,例如构图理论、素描与水墨画的基本画法等等。杨教授还经常从南大美术系借回石膏像,让我与杨佐渝一起练习静物写生,或是让我们观看他是如何作画的。对于我们这两个后辈的进步,杨教授看在眼里,喜在心头,却从不表露。尽管他曾将我们二人的素描作品带至课堂以为示范,并以我刻苦学习的精神激励南大的学生奋发向上,但在指导我们时,却是只说问题,永无满意一说。这段金陵学画的经历,使我终身受益,可谓我真正进入艺术领域的起点,也是我能在紫砂艺术上取得今日成绩的有力支点。

4. 顾门弟子

然而一年后，当我于 1955 年秋放假回家时，我的人生之路又突然出现了一生中最重要的转折。

陶都宜兴早在 1946 年就出现了"汤渡缸坛生产合作社"，1947 年丁山发起组织了"粗货合作社"与"黑货合作社"，1952 年又成立了"汤陶业生产合作社"，在蜀山设"蜀山紫砂工场"。1954 年，丁山镇、蜀山镇、汤渡乡合并成立丁蜀镇区，并开展了个体工商业走集体化道路的"社会主义改造运动"。宜兴陶业，按地区与生产品种的不同划分为 5 个合作社，于是以制作紫砂陶器为主的"蜀山紫砂工场"便成为宜兴紫砂工艺厂的前身——"蜀山陶业生产合作社"。为落实国家"继承发扬、开拓创新"的民间传统手工艺发展方针，江苏省轻工业厅决定通过招收学员的方式，培养扬州漆器、惠山泥人、宜兴紫砂等著名传统民间工艺的接班人，举办了"工艺学习班"。

当时的我，虽然并非生在陶艺世家，但因"陶都"宜兴的陶器生产主要集中于丁蜀地区，生于斯长于斯，我自然是自幼就受到陶文化的熏陶。童年与小伙伴到附近人家看做紫砂茶壶时，我也曾要块泥料学着捏弄。此次放假回家，适逢蜀山陶业生产合作社招收学员。出于对紫砂的喜爱，又念及一家三口各在一地，想想父亲每月 45 元的工资除留下 15 元自己生活，再给我 15 元使用外，给带着老人一起生活的妈妈也只有 15 元了，我当即萌生了辍学回家学做紫砂的念头。征得父母同意后，我立刻到陶业合作社的"紫砂工艺学习班"报名，并顺利通过了作文、绘画、制作紫砂泥立方体等考试科目，与其他 25 位青年男女一同成为共和国成立后，宜兴的第一代紫砂艺徒。

当年的 10 月 1 日，学习班正式开学。合作社领导做了动员讲话，设立了"班中有组"的建制：除美术老师吴汝琏和一位政治老师外，还有任淦庭（1889—1968）、吴云根（1892—1969）、裴石民（1892—1979）、王寅春（1897—1977）、朱可心（1904—

1986)、顾景舟 (1915—1996) 等 6 位早已闻名紫砂界的老艺人担任"技术辅导"。这在当时，可谓最高的"专业技术职称"（"紫砂工艺技术辅导"系由江苏省人民政府下发正式文件任命，当时的工资待遇相当于镇长工资。共有 7 位艺人获此殊荣，除文中所言及的 6 人外，还有一位是蒋蓉）。

新时代的学员班，自然在教学与管理两方面都要有一套新制度、新方法。学员们推举 5 名品学兼优者组成了班委会，我又有幸在这"五人小组"中被选为班长。老师、学员共同商议后制订了"学艺计划"，经合作社领导批准后开始施行。

从此，我们这 26 位小青年食宿都在合作社，过上了集体学艺生活。每天准时起床，早晨锻炼后用餐，上下午分别学习 4 个小时，晚饭后文体活动半个小时，继续上技术课至 9 点钟熄灯，周六下午的教学结束后放假回家，周日晚 6 点前回班报到，用餐后继续上课。平日家中有事，需提交请假条，获批准后才能离开。

所谓"班中有组"的建制，是指5位德高望重、技艺精湛的"技术辅导"分别负责一组学员，可谓"师傅带徒弟"传统方式的继承；而集中授课时，则由任淦庭负责教授"陶刻"，吴云根、王寅春、朱可心、顾景舟皆属"成型专业"教员，此外，裴石民专任古玩、雕塑技术辅导。

我和沈蘧华、高永津、束凤英等6人被分到顾景舟组，成为这位"紫砂泰斗"在中华人民共和国成立后的第一代弟子。

我的恩师顾景舟，原名顾景洲，1915年生于宜兴川埠上袁村的紫砂世家。父亲顾炳荣经营一个家庭紫砂作坊。幼承蜀山东坡书院校长吕梅笙之教，古文国语优秀。18岁时因喜爱紫砂陶艺，遂承继家业，在祖母邵氏（清代紫砂名家邵友兰的孙女）的指导下学制紫砂陶器，练就一手扎实的基本功。抗战时期民不聊生，但他锲而不舍地一边攻读紫砂相关书籍，一边惨淡经营自己的家庭作坊。于实操之中，对选矿、练泥、成型、装饰等整套紫砂制作过程了然于心，并将摸索到的知识与经验整理成文字资料。在自称"山樵""老萍"的清贫自娱岁月中，他与沪上一些著名画家如吴湖帆、江寒汀、唐云、张充仁多有往来，共事审美赏评与创作实践，故能一改清代以来纤细繁缛、浮华堆砌之风，以素面素心之作引人入胜。1954年，他为组建"蜀山陶业生产合作社·紫砂工场"积极奔走，成为今日紫砂陶艺再度辉煌的创业者之一。他以"传艺授道"为己任，深入浅出、示范操作，并将过去的笔记汇编成《紫砂陶工艺八讲》。个人的艺术造诣、辛勤培育出的满园桃李，使他无愧"一代宗师"之誉。

我曾在恩师指导下，学习制作了风格不同的"竹根壶"与"蛤蟆莲蓬壶"。学习"竹根壶"这种足见功力之"素心素面的文人风格之作"的制作技艺，使我真正体会到何谓工艺上"嵌口盖盖作严密，一缝不苟丝发"。同时这件作品还要求在造型上做到：壶身上代表竹节的横线，平行有致；肩、肚、脚，丰面不瘦；壶嘴与把手，舒展自然、圆浑协调。

"蛤蟆莲蓬壶"是仿化自然形之艺术作品，由于要做到莲子粒粒能动、玲珑剔透，还要雕琢出诸多栩栩如生的蔬果，所以被视为"花器"中"掂斤两"的活计，手艺如何，一试便知。另外，顾景舟对于这件传统作品的造型进行了改造，一改干瘪、枯燥之旧貌，塑造出丰润、饱满、新鲜的莲蓬、荸荠、白藕、荷花、荷叶和活灵活现的蛤蟆，或是翠鸟栖于其上，构成一幅立体的"荷塘清趣图"。从而使得我等弟子在实践中学习、体会了"继承与创新"的关系。

恩师顾景舟精专多能，技无不传，使我终生感激。

时至今日，回顾起自入顾门学艺对自己一生的影响，尤其觉得始于 1955 年的这段师徒缘分，对今日的我来说意义重大——只有真正拜入民间老艺人门下，才能继承其真才实学。在 7 位"辅导"中顾景舟的作品最具文化气息，且能教原理，使我们受益终身。就实际操作而言，他不仅手法规范，而且动作非常敏捷灵巧。他将巧妙蕴含于严谨之中，特别对制作作品的工具有很高的要求；他使用工具得心应手，由此制作出大量优秀的作品。由于他造诣最高，其他"辅导"的弟子，也经常来向他学习。

1996 年 6 月，恩师顾景舟逝世。几年来，每每撰文悼念恩师，都要将他当年庭前授教的动人场景描绘出来，将恩师紫砂大家的风范与儒雅贤明的师德，道予后人。

恩师，您平时对我说："昌鸿，做我们这一行，做得起不算本事，拿得住才算有本领。"这是一句多么富有哲理的行家话！您讲了几十年，每教导一次，我都悟到一点新的东西。只要遇到好的东西，我都认真观察、细心笔记，按照您的这句话，去苦练基本功。我领会了这句话，去努力学习文化知识、艺术理念，提高修养水平。

恩师，您平时对我说："昌鸿，当你做一件作品时，要达到一天能做三件；同时，也能三天做好一件。这就叫'把握拿得住'。"我按照您的教导，在制作作品时，严格遵循操作规范，在操作规范中寻觅规律，去摸透泥性，去严谨治艺，去制作出好的作品。

恩师，您经常对我说："紫砂壶的造型非常丰富，可说是壶艺造型的宝库，须在继承中求发扬，你能创制一件新品，突破了传统形，那才是你真正的收获。"我按照您的指点，汲各家所长，去粗取精，在创作的道路上做一个苦行僧，求新求精，刻画自己的面孔，在追求创新事业的坎坷征途上，留下坚实的脚印。

恩师，您经常叮嘱我："有必要学点酸盐工艺学。"我不负您的期望，注重学习理论；深入矿山，去熟悉矿土；去到窑炉，掌握紫砂器的烧成工艺。以您为榜样，做一个有文化、真正懂得紫砂工艺生产全过程、"拿得住"的、有真才实学的工艺技术人才。

恩师，您经常对我说："'工欲善其事，必先利其器'，要制作好一件作品，必须先掌握好、制作好能表现作品工艺与艺术要求的工具，这样才能制作和完成好一件作品。"您制作的工具不仅好用，而且整个造型也像一件完整的工艺品。

恩师，您一句句发自肺腑的教诲，我们都铭记在心。您曾经手把手教我们手艺，我们亦以虚心来回报，在制作中稍有疏忽，便推倒再来，哪怕是一个手法不合格亦不放过。负责过您保健工作的江华小弟，看了台湾地区摄制的《宜兴紫砂》录影带后，深有体会地说："如要目睹顾老制壶的技法，看看录影带中沈（蘧华）老师的操作，就知道了。"这是您执教严谨的结果，您是严师也是慈父。

1956年10月，高海庚（1939—1985，曾任紫砂工艺厂厂长）等5位师姐弟从吴云根师父身边调来您身边，欢迎会上您对我和高海庚说的第一句话便是："从今以后，你俩在一起学习，胜如兄弟，切不可染上旧时同行彼妒的坏习。"师父的教导，永远激励着我们。我们同窗学艺，不分彼此；同宿一舍，连穿的袜子、背心都不分你我，比亲兄弟还亲。生活上的亲，带来了习艺时的相互勉励，师兄弟姐妹在技艺上只有友好竞赛、互相学习提高，而没有妒忌、贬损的坏习，直到我们挑起经营管理企业的重担。

"一日为师，终身为父。"每逢春节必先拜师父，生了孩子后也是年年到师父家过大年。恩师对我的四个孩子、高海庚的两个孩子也亲如血脉，每年都单独摆下一桌招待他们，关爱备至。

然时至今日，人情似乎淡薄了许多。一些学生已经不那么尊敬老师了，忘记了是谁辛辛苦苦将自己引进艺术殿堂，是谁无私地传授给自己成名获利的本事！尤其是当自己学有所成，职称、收入已与老师不分上下，甚至是超过老师时，则不再理睬启蒙之师、引路之人了。少数人更是将从未谋面的大师名流强说成自己的从艺之师，以此抬高身价。他们应该也必须知道，"大师"的荣耀与内涵，绝非仅是一纸证书，也绝非现实名利可衡量，只有得到艺人同道口碑心许者，才是真正的大师。他们更应该知道，应当传承的不仅是紫砂陶器的制作技艺，更是"德艺双馨"的大师风范。

5. 与高庄教授相处的日子

高庄（1905—1986），上海宝山人，1927 年毕业于上海中华艺术大学。抗战胜利后，应徐悲鸿之邀，到国立北平艺校陶瓷系执教，后赴解放区任联大"鲁艺"美术系主任。因其 1949 年 7 月在清华执教时，先参加了该校以梁思成为首的国徽图案设计组，1950 年方案最终确定后又承担了塑造成模型的任务，所以时时被人提到。据说戴煌《直面人生》一书中有专章介绍这位艺术高超、一生坎坷的工艺美术大师。各类对高庄的报道，主要是讲述他在接受塑模任务后，如何不断探索、试作、比较，发现了一些不足之处，并对原图案进行修改，力求达到艺术性和政治性的完美统一。后来，周总理对修改方案亲自过问关心，政协有关会议通过了高庄的修改图案，毛主席也同意了高庄的意见。这样，才有了如我们现在所见那样端庄、美丽的中华人民共和国国徽。

此后，在郭沫若的提议和徐悲鸿的特邀下，高庄深入著名窑厂设计并烧制出六十余件"建国瓷"。其中 17 件最佳作品赠给了莫斯科普希金博物馆，其余的也被携赴东欧各国巡回展出并被收藏。

1955 年中央工艺美术学院成立，调入该校执教的高庄教授到宜兴，是 1956 年至 1957 年间的事。当他带着来自东欧的留学生——波兰的叶亚宁（女）与保加利亚的甫读（男），到紫砂厂学习时，教授的工作台就设在顾景舟的班组内，故而作为顾景舟弟子的我有幸得以与高教授工作、生活在一起。高教授由点到线、由线到面，不拘形式地为我们讲解美学知识，对于年轻人来说实属难得的学习机会。而顾景舟先生不仅自己与高教授保持着良好的关系，乐于将高教授设计的图纸变成精美的实物作品，而且在看到弟子能够得到另一位名师的指点时，也表现出支持的态度。犹记得，当我在高教授的指导下，做了一个"羊头小挂插"时，恩师顾景舟便高兴地鼓励我说："'课余弄弄空头'能帮助你们提高制作和工艺处理技法，能增进你们对'泥性'（即泥干燥过程中的收缩性）的掌握，是学艺的好风气。"这件小小的习作，至今仍保留在我身边；每当看到它时，便会想起那段与两位大师和睦相处的美好时光。

陈列在宜兴陶瓷博物馆"名家之作"展厅正中央的"顾景舟提梁壶"，总是令懂行的参观者驻足，仔细欣赏其完美无缺的造型、流畅的线条、不可略高或略低一分的凹凸……恰如美学家所言：何谓美？就是不能多一点，也不能少一点。年青一代对这套完美化身、经典之作的来龙去脉已然不大清楚了。曾任宜兴市陶瓷行业协会副会长的黄卫平曾在文章中谈道："此壶为高庄1956年设计，顾景舟制作。"而我身历其创作始末，现在就为大家详细介绍一下那段历史。

当时高庄教授携来"玉璧"图纸一张，与恩师共同审视切磋。两人商讨一番后，高教授饶有兴趣并颇有信心地向顾老师提出，他要试试自己动手制作。对此，顾老师当然很支持，但高教授毕竟没有学过如何制作紫砂壶，不过是看过顾氏师徒在制作紫砂壶时"打片子""打泥条""打身筒"等过程，现在一下子要进入实际操作，自然问题很多。面对充满自信与胆量，决心亲自完成这件作品，但对紫砂制作的操作规程、顺序等又一概不知的高庄教授，顾老师巧妙地选择了"与其同步完成一件类似作品，以为示范"的方式。于是恩师参考历史作品"旭茂提梁"，并结合高教授"玉璧"的形制，设计了他自己的作品构图，并取名"提璧"。二人商定，各自的设计由自己完成，互不插手，以示"圆满"与相互尊重。二人在分别制作自己"提梁壶"的过程中，顾老师实际上是在将制作这样一把紫砂壶的过程一步步地展示给高教授；而高教授在边琢磨边实施的过程中，又不断地与顾老师切磋探讨，双方在交流中不断修改完善着各自的作品。基于这样的动机与过程，"高玉璧"与"顾提璧"自然会大致相似，但在许多地方又不相同。例如，"玉璧"的壶体较直，而"提璧"的肩部略小，先凹后凸的下部壶体线条给人以"飘出"感；"玉璧"的壶盖是一块玉璧造型，中心凹进以供把手开盖，而"提璧"壶盖上的摘子则与壶体线条形似。

然而最为值得强调的有两点：首先，对于两位都很自信并有高度艺术造诣的大师而言，两件作品均为他们各自艺术心灵与审美观的物化体现。既然心灵是独立的，那么作品当然也是独立的。只有认真观察其造型区别者，才能充分认识这一点。再者，"玉璧"与"提璧"从孕育至分娩的实质，乃是基于"高山流水"的彼此敬重——顾景舟对这样一位艺术造诣颇高而又能迅速掌握一手严谨制壶本领的高教授深感钦佩，而高庄教授面对制壶技艺如此高超的艺人亦由衷地敬重。两位老师亦师亦友的学术氛围，也影响到张守智老师，张老师曾大胆地把壶盖做成一块有凹形摘手的样式，形制也非常出彩。

在艺术道路上，高庄教授对作为学生的我们的影响，有时也属潜移默化。高庄教授在宜兴期间，节假日常独自漫步于山水之间，并于无意中在河滩上捡拾到一些"宝贝"——古代陶器残片。眼随高教授足迹的我，自然也捡到不少陶器残片，还有石箭、石斧和植物化石，这些捡到的"宝贝"不仅给我日后的创作带来灵感，而且成为促成我注重文物收集与收藏的契机。

说到前辈的教诲与启迪，还有一件令我念念不忘的事。一日，高教授在闲谈中提到："宜兴的日用陶瓷与紫砂陶，在历史上有过绞泥装饰，但一直没有引起人们的重视。"所谓"绞泥"，就是利用不同紫砂矿土的自然色泽，制成带有各种花纹、图案的器物。除了形成图案本身的技术问题外，克服不同材质因"泥性"不同而出现的开裂，也是一个关键问题。直到1959年有机会去南京时，我才在南京博物院看到了两件真正的绞泥装饰紫砂壶。它是因当时的制作者或有意，或粗心，将上等的"底槽紫泥"与一般的"中槽泥"掺和到一起而形成了纹路，所以其纹路是不规则的。似云似木的花纹，按质量标准评断，当属花泥；但从艺术欣赏的角度看，也可说是一种装饰。不管怎样,高庄教授一言,引发出我想要研究"紫砂绞泥"的欲望。在没有资料可供参考的情况下,我凭着不断积累的经验与感觉,凭着执着的艺术追求精神,终于研制成第一只"双面彩陶纹样紫砂绞泥装饰"作品。在高庄、顾景舟和工艺班吴汝琏老师的启发下,我的绞泥作品由蓝、白或红、白对比色,进一步发展到"补色""余色""近色"浅深搭配;图案也从简单模仿彩陶的点、线、圈,拓展到"波纹""雷纹""席纹""犬牙纹"等。高庄教授非常看重这些紫砂绞泥作品,带了不少回北京。

很多年后,沈蘧华又将这项工艺向前推进了一步。她在《我研制的紫砂绞泥壶》一文中追述了上述过程后谈道:"加上李昌鸿的帮助,我终于成功地制作出一件又一件'紫砂绞泥壶'。我终于在李昌鸿研制的绞泥盘、碗、盅、盏、罐基础上将'紫砂绞泥装饰'作品发展至绞泥花纹在器皿表里一致、花纹图案类似彩陶效果的源于传统而又打破传统的紫砂绞泥盆、果盘以及壶和茶具;在纹样上又创造了花团纹、礼花纹等,并由单独纹样发展到连续纹样。我们两人用了几十年研制成功的'紫砂绞泥装饰'作品,为紫砂装饰增添了一个新的装饰品类。绞泥花纹有红山文化装饰的特色,绞泥纹饰壶内壶表一致,取名绞泥特色作品,也算为紫砂事业奉献了一点自己的智慧。"

正像妇孺皆称蔡伦发明了造纸术，而许多学者却为究竟何谓"纸"争论不休一样，想想许慎《说文解字》中对"纸"字的解释，既未言其用途，且提到的原料也与植物纤维毫无关系——不过是将缫丝汤水中的残渣捞出成片而已，便不难懂得科学的发现、技术的发明，往往都有一个发展过程的道理。小小"绞泥"，从不知有意还是无意的实物留存，到知识渊博的高庄教授提起，再到我的刻意追求（再发明），以至沈遽华更上一层楼，恰恰正是如此之链。

6. 送到家门口的进修班

进修，或称深造、再教育，在宜兴紫砂业的技术与管理人员中相当普遍。仅据韩其楼《紫砂壶全书》中所记载170余位2002年以前取得中级以上职称的"现当代紫砂壶艺人"，其中到北京、南京等地或在当地进修过的，就有70余人。他们自家传、师承步入紫砂之门，通过院校进修深造，开阔了视野，提高了理论水平。无论是老骥，还是新锐，纷纷活跃在设计、研究与管理等不同领域，成为企业的领导或核心技术人。

然而我却一直没有时间和机会为自己"充电""加油"。在我的履历中，虽然也有曾参加中央工艺美术学院"陶瓷造型制图班"学习的记载，但却不是到北京，而是一次"送到家门口的进修班"。

1983年，我与55级工艺班的老同学、56级工艺班的学弟以及紫砂研究所特艺班的学员共60余人，一同参加了由宜兴陶瓷公司、紫砂厂与中央工艺美术学院以"开门办学"方式，到工厂举办的为期半年的进修班。这期学习班，虽是文化程度参差不齐的"大杂烩"班，但毕竟是一次增加艺术营养的机会。学员们掌握了造型测绘图与剖析图，学习较好的还学会了交点透视作图。除了教授讲课外，还针对作品进行测绘、临摹，学员们每天都要听课与实际操作，所以加强了对作品形体和线条变化的把握能力。因为人数较多，课后学员们自发地以能者为师，再进行传、帮、带，不使一人掉队。当时的我由于绘画基础较好以及对造型有较强的剖析能力，与另外几位领悟能力较强的同学担当起了小老师的角色，帮助教授对其他同学进行辅导。学员们课堂内外的学习热情高涨，半年的制图班学习还是很有成效的。

这便是我走进紫砂艺术殿堂的经历。天赋与勤奋、良师与机遇，缺一不为。做紫砂器皿并不很难，学上两三年都能做，但这仅仅是站在磨坊与使用现有技艺的层面上，最多只能成为惟妙惟肖地复制他人创造发明的工匠，绝对不会成为技艺的创造者。此体会愿与今天的紫砂艺人共勉。

二、紫砂艺术创作面面观

1. 传统的继承

（1）规仿名作，汲取精髓

《阳羡名陶录》云："规仿名壶曰临，比于书画家入门时。"规规矩矩地临摹名作，可以从中吮吸到传统的精髓，包括理解原作的创作构思，获取艺术表现的法则，掌握其严谨的技法与巧妙的装饰处理等。打好这一基础，才能使日后的创作既有根有源，又能在融会贯通后有所突破。

我在漫长的陶艺生涯中，规仿的 20 种代表作如下：

井栏壶（秉承师款）

提线壶（秉承师款）

掇只壶（秉承师款）

云肩三脚鼎壶（秉承师款）

石瓢壶（秉承师款）

龙凤壶（摹陈仲美式）

龙凤壶（摹陈仲美式）

龙头玉环壶（摹裴石民式）

矮八方壶（秉承师款）

卧龙先生壶（摹《茗壶图录》）

箬笠壶（摹黄玉麟款）

僧帽壶（秉承师款）

匏瓜壶（秉承师款）

雪华壶（秉承师款）

万泉壶（主摹"荆溪蒋万泉制"）

第四章 | 紫砂壶的艺术创作

升方壶（摹传统款）

仿古壶（秉承师款）

方钟壶（摹传统款）

圆钟壶（秉承师款）

大彬如意壶（摹大彬式）

汉方壶（摹传统款）

（2）传统创新，以至完美

在认真临摹传统作品时，我每每感到一些款式在比例、变化、形制等方面有些别扭，并不十分协调，本着师古却不泥古的原则，大胆进行了改进，使之成为更加理想的样式。此类作品亦称"更新作品"，其修改再创作的过程并非一次完成，而是一次次地不断改进，以求达到尽善尽美的理想效果。

于此亦略举 22 种我与沈蘧华若干年来具有代表性的此类作品如下：

三足葫芦壶

四方壶

扁四方壶

吉祥方壶

辟邪方壶

漪涟壶

八方福壶

如意秦权壶

如意秦权壶

高八方壶

君贤壶

三脚鼎壶

铜砣六方壶

龙凤印包壶

履源方壶

君德方壶

半月壶

四方中凸夺魁壶

合斗方壶

卣方壶

华贵雍容壶

福禄寿三星提梁壶

(3)实用价值,也是传统

若问"传统继承"究竟有哪些具体内容,答曰:"实用"。若参观过宜兴陶瓷博物馆,看到琳琅满目的紫砂确有"实用"与"不实用"之别时,才真正体会到在追求造型创新中,不忘"实用",也是继承传统的一个方面。这不由使我联想到在皖南考察"文房四宝"之"徽墨"时,听到的学生墨、书画墨、旅游墨等不同名称。其中"旅游墨"纯属供游客购买回家后摆放、观赏,故唯求外表金涂彩绘,漂亮即可;为了避免日久开裂,便多加胶汁;为了降低成本,胶与墨粉的质量、比例都不在考虑之列。同样道理,既然茶具原本是为了泡茶用的,那么如果"创造过度"——例如壶腹小到无法容茶加水、壶嘴出水不畅,或位置过低,加水后不倒自出,壶把的造型或装饰令人不便提握等——便最多只能"悦目"了。清代陈鸣远的"梅桩壶"虽为名作,但估计这样的"壶把"握在手中不会很舒服罢!

因而只有内行在审视一件紫砂作品时,才会注意到其在实用性方面的考量如何。我与我夫人以及传人的作品,其共有的特点之一乃是十分注重"实用性",正如老师们教导的"触觉上的舒服、视觉上的美"之感觉和要求。例如"一枝春壶"的"偏提梁式"把手、"玉兔奔月壶"的"提握式"把手,在造型上均有大胆创新,但同时会给人十分舒适的手感。而壶腹造型要利于

玉兔奔月壶

茶叶泡发、壶嘴出水必须畅通,皆是传艺过程中注重"传统"的具体表现,甚至将其与创意联系在一起。例如"思源壶"便是"嘴根尽量夸大",达到"注水犹如哗哗流水那样畅朗",以呼应"饮水思源"的寓意。又如壶盖取学士帽之形的"学士壶",在俗称"一片瓦"的帽顶上,显然不能安放任何形状的盖纽,因而壶盖便被设计成四角平平延展出壶口,这样不仅恪守了注重实用的传统,而且在造型上更能体现"帽檐"之状。

思源壶

学士壶

（4）创新面面观

我在恩师顾景舟鼓励创新的教诲下，闲暇之际喜欢画壶的创作设计稿，用一小块泥做个新造型。但每每制成交于恩师检阅，他便会笑说，这个是传统造型中的某某款，那个类似传统造型中的什么壶。

千姿百态的紫砂壶构成了陶艺造型与装饰技法的宝库，若非长期积淀，要想在"壶"这一种器物的造型与装饰等方面不断有所创新，是有较大难度的。

紫砂壶的造型，可以用五个"从形而言"加以概括：

从形而言，取材于自然——主要指动植物。

从形而言，借形改装——古代陶器、青铜器、漆器、生活实用器具，如衣、帽、钟、桶、秤砣、井栏等。

从形而言，运用几何形体——点、线、面组合，形成正方、六方、八方等。

从形而言，有壶体造型的自体伸缩，其中又分整体的伸缩和局部的伸缩。

从形而言，还有抽象形、线的变动，自然变幻的启示来构成造型，如天上云的变幻，烟的缭绕，奇石、山川，水浪的波纹和花纹、线纹的走向，纹乱线的组合……这些都能给人以偶尔一得的启迪，从而得到造型上的启发。

以此为纲，运用理论于实践，尝试壶艺创新。

尝试新器物

1962年，为激发新学员的创作意识，我带头创新，设计了"镂雕香薰"的新工艺与新器物。这件器物的实用价值也许不是很大，重要的是了解作者的创新意识与艺术处理。例如：盖上之纽为五瓣梅花之形，两边的把手如同用篾条编成等富有新意的设计。

镂空花篮香薰

打破对称

紫砂壶虽然品类繁多、千姿百态,但归纳起来多属仿"自然形体"和"几何形体"两大类型;而在仿自然形体类中,又尤以取松、竹、梅"岁寒三友"为题者居多。如何脱出旧式、别树一帜,就成了众多紫砂艺人所追求的目标。心头涌出"梅报一枝春"的诗句,塑一段苍劲的春梅作壶体(一枝春壶)……然后,这首诗又该如何写下去呢?传统的提梁,虽有环形、方形、方圆组合形,但都是贯穿壶盖中心点,连接在壶肩对称的位置上。此壶提梁的后端在壶身上,前端在上方壶面、后移至三分之二处,打破了对称、均衡的传统造型;造型酷似梅枝的自然曲折,且与盖纽似接实断地形成一体。再贴上青瓷技法烧成的梅花,紫砂与青瓷镶嵌结合,也是一种装饰性的创新法。

改变工艺手法

紫砂花器"松段壶"因松树寓意长寿,而饮茶本身也被认为是一种有益健康长寿的生活方式,自古就有不少喜爱者。然而满布壶身的毛茸茸的松皮,虽达到了形象逼真的效果,但手感却非常不好,令人不愿触摸。为解决这美中不足之处,我设计制作的壶身不再采用所谓"推松皮"的固有工艺手法,而是以凹凸的层次来表现老辣的松皮效果,摸在手上自然有种光润之感。又

松段壶

用绞泥手法做成壶面，构成树木年轮的花纹，整体上更加逼近一段松木的样子，达到了可握、可抚，使用与观赏俱佳的效果。

其后，我又在此基础上进一步抽象化，创作出名为"玉柱"的另一套茶具。在这套以"树不似树、石不似石"为追求目标的茶具上，通过切、挖、填、塑，构成了无数大小曲折的不规则块面。嘴、把、纽上的不规则块面与壶、杯之身协调一致，并有枝干延伸的效果；而壶、杯之把的环状造型，又似有紫藤盘树之感；题写"似石可攻玉，如木擎天柱"铭文之处，恰如老干被剥去树皮的样子。从追求形似到抽象构思，无疑是我个人艺术创作能力的一次升华。

装饰

"光器""筋瓤器""花器""象生象形艺术""几何形体""借形改装"六个行业术语，讲的是六类紫砂壶的艺术特点。

所谓"光器"，是指作品必须达到"圆者，则珠圆玉润；方者，则轮廓周正"。顾名思义，既然以"光"为名，自然不会有什么花里胡哨的装饰，且泥色醇正、素面素心。

所谓"筋瓤器"，讲究的是壶面线条，要求脉络清晰，明致、周正，卷曲线条和润贯气。例如随意转动壶盖时，其上的线条都能与壶身上的线条逐条吻合。从广义上讲，与"光器"相较，线条也可谓是一种装饰，但此处所言狭义的"装饰"已被视为不同的概念。

而模仿动植物、生活器具的"花器"，由于通体造型与细部组成都追求写实逼真，故已然不能再用是否存在"装饰"来言说。赏评此类作品的要点在于写实之中是否蕴含写意，变化表现能否高于自然形象而具有浓郁的艺术趣味。

此处所言狭义的"装饰"，是指出乎上述三个术语定义，通过雕、琢、捏、塑、贴、绞、堆、绘、喷、镂、嵌、釉、漆、镶、包等一切可以利用，一切可以从其他艺术领域借鉴，一切可以想到的手段与技法，来丰富紫砂作品的艺术表现形式。这层意义

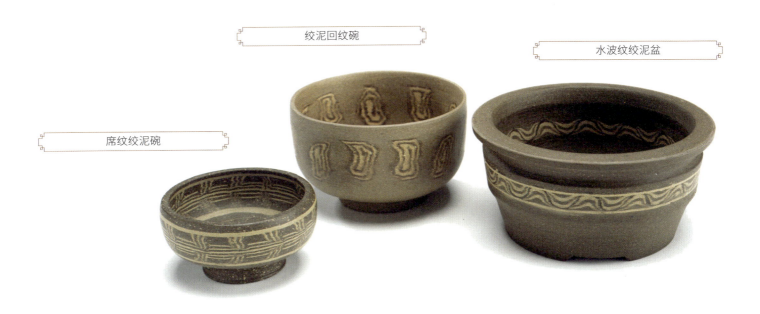

绞泥回纹碗　水波纹绞泥盆　席纹绞泥碗

上的紫砂"装饰",既可说源远流长,又可说开发得十分有限;既可说是创新,也可说是对传统的继承拓展。

前述我与沈蘧华的"绞泥"作品是一种新的装饰;香薰的"镂雕"也属一种新的装饰;而在打破对称的偏提梁"一枝春壶"上,贴青瓷梅花,也是一种装饰创新。另外如以烤金技法装饰的"狮舞"茶具,也是一种在继承基础上的装饰创新;尤其是因为烤金分为两种,如果"有釉作底",则金色灿灿。在以"素胎无釉"著称的紫砂器上施釉加彩,为恪守传统者所诟病,而我的"紫砂乳白釉"科研项目,确是在此类别上对紫砂艺术的又一创新。

2. 灵感的来源

（1）自然的启迪

植物叶片形状与叶脉纹路的装饰，源于植物化石的启迪。1956年前后，我即尝试将叶片直接印在作品上，但效果并不理想。由于造型与陶刻可以分为两个专业，所以直到1960年，我才尝试改以刀具按植物叶片印压纹路刻出其形状，并取得了预想的效果。

（2）民间传说的启迪

"嫦娥奔月、玉兔捣药"是众人皆知的传说，但对于紫砂艺人来说，也可以成为创作灵感的来源。我创作于1987年（丁卯兔岁）的"玉兔奔月壶"，侧视像半月，俯视成满月，在平坦的壶口上配制一个半球形的壶盖，犹如一轮明月从广阔的地平线上冉冉升起。壶盖上勾挖出的两个月牙形孔，不仅没有破坏这轮初升明月的造型，还解决了盖上没有凸起之纽以供拿捏的问题，而且本

身又增添了另一种月亮的形态。于是整个壶上便有了各种各样的月亮造型。

前所未有的提握式壶把,是一只脚踏祥云、腾空跃起的玉兔,给人以活泼动感,却又不失动中藏静的稳重。与"一枝春壶"的偏提梁相比,这个壶把的设计无疑更为大胆。玉兔又经师兄徐秀棠的改作,使壶更添雅韵。

(3) 借鉴其他民族文化

受西南各地苗族、彝族、壮族铜鼓的启示,我设计了"铜鼓壶""黔鼓壶""滇鼓壶"。吸收苗族、彝族喜欢斗牛的习俗,三牛环绕作为壶纽的"滇鼓壶",更是为紫砂家族增添了新的壶趣。

(4) 搬家搬出的"方壶"

据说日本人为了运输方便,人为地让西瓜长成方形。同样的事情早就发生在我的身上,由此无心插柳,成就了在那个时期带动、

影响并启发创出新产品的"方壶"。

  1957年,位于河东岸的蜀山陶业生产合作社要搬到西岸的新厂房。在搬家的过程中,我听见箱中的茶壶发出了滚动的声音,顿时一个念头在我脑中闪过:如果茶壶是方的,大概就不会滚动了。此前并非没有"方壶",但前人之"方",无非是方在壶身、把手的造型上,并非我所想的那样,是连壶嘴、壶把都包含在一个正方形之内的"方壶"。一个月后,一把名副其实的"方壶"诞生了。这件作品曾被师弟模仿,并成为所在工厂长年成批生产的定型产品之一。

3. 文化积淀的融入

一把好的壶,也应该是一首隽永的诗,有个含蓄深邃的意境,给人以无穷的回味。

要做到这一点,需要作者有深厚的文化积淀;对一个具有丰厚文化修养的紫砂壶创作者来说,他的作品也自然会有浓重的文化气息。正所谓"笼天地于形内,挫万物于壶中"。

(1) 五朝文化落壶上

由我设计、沈蘧华制作的"五朝文化组壶",是紫砂壶史上首次以反映朝代文化特征为创作题材的作品,与1984年的"竹简茶具"有异曲同工之处,是作者将自身文化积淀融入壶艺,超越单纯在造型上求变、求新的表现。

"唐诗壶"的造型体现唐尚丰腴、以肥为美的时代审美特点；三组盖纽，脱胎于美人发髻（绾发而结之于顶）；短短的八方形壶嘴与壶体并无不协调之感，却又存在着方圆之变。

宋贵清秀,取僧帽式宋瓷造型制成的"宋词壶"上,不仅以宋徽宗所创瘦金体镌刻宋词,而且在壶盖上刻有"羊角遗风"四字,以纪念宜兴羊角山宋代紫砂古窑。

"元曲壶"的盖为蒙人斗笠,壶体四脚呈骏马疾驰状,以现剽悍骑兵叱咤风云之貌。

明贵端庄,"明画壶"轮廓周正的方钟形壶体,与四平八稳的明式家具韵味相同。一面刻有明人"荷塘小景"的画(现改为明人画竹图),另一面是"明四家"之一的文徵明行草诗文。

"清说壶"取满族女子冠饰为壶纽,并以"板桥书体"刻清代小说中的咏茶诗。

五把茶壶的用料各专一色,既充分利用了紫砂矿的"五色土",又与不同的造型、字体、书画内容等共同体现了五朝文化各具特色的创意主旨,且为观者留下了进一步畅想"五行五色"的空间。

(2)他山之石,可以攻玉

博大精深的中华民族文化,是壶艺创作取之不尽、用之不竭的源泉。吸收青铜器皿造型的"青玉方壶"可谓一例:其壶身取青铜方鼎之形;红山文化"玉鱼""玉龙"、良渚文化"玉琮"的造型,被移植成紫砂语言的嘴、把、纽。

"玉鱼"的腾空之态,成为壶嘴的造型;正方形的头和身,吻部微缩,显示生命之感;鱼头和尾鳍,用阴线压刻的手法予以表现。

鱼的头部即是壶嘴的头部,在此塑上一对眼珠,令人形象地看到活泼跃动的鱼已经化成贴切的壶嘴。嘴把也蕴含着鱼化龙之意。

体若一钩新月的红山之"龙",它那下探前伸之首、紧闭之嘴与微微上翘之吻、颈脊一簇卷起之态,正是我在创作此壶时所要寻见的韵律。在同样采用简洁造型、夸张手法塑造的玉龙之錾上,同样装饰了一对眼珠,正所谓画龙之后的点睛,使其雄健的体魄上充满了生命力。

良渚文化的"兽面纹琮"形制精美,取它作壶纽,虽然超过常见的高度,但与仿青铜重器的壶体相配,无论是从比例、分量等审美角度观赏,还是就与所刻钟鼎金文的呼应而论,都很般配。

(3)"完美矩形"与"自体伸缩"

文化积淀并非仅限骚人墨客的风花雪月之谈、文人雅士的唐诗宋词之吟。理论素养同样也是一种文化积淀。我在《紫砂壶艺·工艺·造型艺术》(2001年海峡两岸陶艺交流研讨会的论文) 一文中解释寿星壶的造型时说："紫砂寿星壶之造型完美，它的整体和空间，符合$\sqrt{2}$矩形之美（$\sqrt{2}$矩形，它的原理是'直角三角形的斜边平方等于两直角边平方之和'）。"寿星壶，它的整体造型长166厘米，高118厘米，它的近似值比率符合$\sqrt{2}$美的矩形。

简单说，就是以寿星壶的高作边长，画出一个正方形时，可以发现该正方形对角线的长度正是该壶的长度，故谓之"$\sqrt{2}$矩形之美"。同理，如果想做一把符合"$\sqrt{2}$矩形之美"的壶时，则应先画一正方形，然后据其对角线长度确定壶的长、高之比。其长、高之比基本是10:7。

"完美矩形"之说虽然不是我个人的发明或发现，但我能知道这一理论知识，并将其用于紫砂壶造型的美学解释，充分说明理论素养对于制壶人的重要性。而"拟人化"的"华贵雍容壶"，以及运用"自体伸缩"的创作过程，同样颇能体现艺术理论素养对艺术创作的卓越影响。

华贵雍容壶

传统造型中的"掇球""仿古",是爱壶者百看不厌、百玩不倦的两款经典造型。我曾在认真研究两款壶轮廓外形的特点时,产生了这样一种创作设想:能否用同一轮廓曲线,通过或伸或缩的变化(我将其称为"自体伸缩"),使原本毫不相干之"掇球""仿古"两款壶的内在美,体现在一对外观相同、轮廓简洁而优美的壶上?于是我先勾画出简洁明快、左右双曲的椭圆形壶体轮廓线;再拉伸与压缩至直觉以为"最美"的程度,便成一高一低的两把壶。高者形制潇洒华贵,矮者体态丰腴雍容,由此取名"华贵"与"雍容"。既然是拟人化的命名,又是"对壶",我在欣赏自己的创作时,真感觉它们就像一对亲热的伴侣,梁鸿、孟光"举案齐眉"的佳话不觉萦绕脑中。于是我便提笔写下"举案齐眉佳话,砂壶镌铭传世""以形取名华贵雍容,寓梁鸿、孟光之意,供茶友壶侣赏阅,增天伦之乐趣"的铭文。有意思的是,这对茶壶在使用方面也各有所长:在讲究者眼中,高者适泡红茶乌龙,矮者宜沏绿茶白茶。

4. 时代气息

(1) 壶现"双飞"

1958 年,经过三年学习,我毕业了。在那个"政治挂帅"的时代,毕业作品的创作自然要突出时代主题。于是我便设计了以郁金香花蕾为壶身造型,饰以齿轮、稻穗组成的翅膀状浮雕图案,取名"双飞壶",寓意在"大跃进"的火红年代,工农业比翼齐飞。

今日说起这把壶,虽然我将其构思归于"政治挂帅"的时代使然,但从中还是可以看到"紧扣时代气息"的创作风格。"竹简茶具"的创作同样也体现了这一特点。

(2)竹简茶具

这件获奖作品的创作灵感是竹简——我国古代最早的书籍之一,它记录了中华古人的思想、政治、军事、哲学等诸文化。

1972 年 4 月,发生了一件震惊世界考古界的大事——山东银雀山出土了完整的汉简《孙膑兵法》。当时我就想,宜兴紫砂茶具,以竹为题材的创作很多,但都仅限于竹的外貌,如果能够设计一套既反映竹的外形,又能承载更多的中国传统文化内涵的茶具,一定会受到人们的珍视和喜爱。经过较长时间的酝酿和构思,20 世纪 80 年代我开始付诸行动。第一稿设计以"圆筒形"竹简为壶体,看上去不太理想。第二稿则在夫人的建议改动下,把圆筒改成长方筒形,把一册竹简通过艺术处理,构成一把壶,寓意壶中沏泡香茗,犹如从中吸收取之不尽、用之不竭的文化知识。壶的四周各施以五爿(劈成片的竹木等,称"柴爿""竹爿")竹简,壶身腹部束以丝线绳编结,壶口为圆形,壶底足为长方形,方、圆匹配,以求变化;嘴、把、盖、纽以似有若无的竹节

成型，筒上镌刻《孙膑兵法》中的片段，并配上杯、碟，制成一套"竹简茶具"。

这套"竹简茶具"是由我和沈蘧华共同创作，其藏锋露芒、秀丽且富有骨力的隶体文字，则是请沈汉生老师捉刀镌刻的。作品完成后，受到行家的一致好评，认为这套茶具气势恢宏，书卷气浓郁。有人感叹从这里倒出的，不是茶水，而是文化！许多外国客商把它称为"中国紫砂工艺之珍品"，视"竹简茶具"为稀世珍宝，争相收藏。

"竹简茶具"先后将多块奖牌收入囊中。1982年，获全国美术陶瓷创新奖。1983年9月，全国陶瓷同行业评比大会在无锡举行，经专家评议，一致推荐"竹简茶具"为优胜作品"一等奖"。1984年"竹简茶具"送德国莱比锡参加世界博览会时，同样赢得各国专家、学者的格外赞赏，获金奖而归。这是紫砂壶艺自1949年以来，在世界博览会上获得的第一个金奖。

（3）铜镜茶具

我们夫妻创作的"铜镜茶具"，借鉴古代"八角菱花铜镜"设计。

镜，鉴也。镜可鉴身、鉴世、鉴史。

鉴是人生的映照，其哲理浅显而深邃。

由于"八角菱花铜镜"是一平面镜，在设计上，我们把"八角菱花"塑造成一朵开放的"菱花"，构成立体形的壶身，使壶的造型显得生机勃勃。

八角菱花铜镜的内外边缘，修饰出一条扁方线，它既是装饰，又使壶面、壶口盖的组合泾渭分明。于里、外边缘沿中间，以浮雕手法

一衡壶

福禄寿三星提梁壶

饰以八枚富贵如意卷曲唐草纹。在工艺处置上，显出它的细腻别致、精美严谨。

壶盖上取"铜镜钮"为壶摘钮，使"铜镜"的造型更为完整。壶体配上刚中带柔的嘴、把，整体作品充溢着古雅飘逸的俊秀之美。

（4）一衡壶和福禄寿三星提梁壶

从中华民族五千年文明史看，秦与汉是我民族的一个有特殊意义的兴盛时期。春秋战国时神州大地为七雄所据，燕、赵、韩、魏、齐、楚、秦七国问鼎争霸，最终秦始皇统一了中国。秦始皇最重要的贡献是在"车同轨、书同文"，同时还统一了称、尺、斗等度量衡。

所以在20世纪末，我大胆采秦代的度量衡中的秤砣，设计成"四方折角"的一衡壶。秤砣又称"权"，也解为权力的象征、统一的寓意。

一衡壶问世后得到茶友壶侣的好评和厚爱。

我们创作的福禄寿三星提梁壶，凝聚着中华民族的智慧和文明，蕴含着许多尘封千年的美丽而动人的故事。

作品以"朴满"线型的造型为壶身主体，饰以两条饱满的弦线使壶型更具韵律美感，以喜狮为足，壶嘴取鹿首造型，壶把取提梁式并饰双龙组合缠绕，新颖巧妙。喜狮寓"福"、鹿首寓"禄"、双龙组合则寓"长寿泰安"，整体呈浑厚端庄的御器风格造型,奉献给茶友壶侣,标志着在此升平盛世,昔日宫廷享用的福禄寿三星紫砂壶如今也能飞入寻常百姓家。

5. 友情与合作

我一生最好的合作伙伴当然是我的夫人沈蘧华,还有执着追求传承的帮手李铭、李群和李霓、徐萍、李仁辰等。2011年在深圳举办的展览会上,我们祖孙三人合作制作了一把提梁壶,这把壶当场竞拍成功。此外,我也一直严守恩师顾景舟的教诲,在自己作品创作设计、制作过程的说明中,皆一一道明有何人参与,获得哪些好友相助。不掠他人之美是身为一个制壶人应有的道德自律,而且维系与同行间的友好关系,方能擦出思想与艺术的火花,为紫砂艺术再添新的风采。例如,1986年荣获全国艺术陶瓷创作一等奖的"丙寅大吉",便是我与徐秀棠师兄合作、陈凤妹陶刻而成,其后我夫妇二人又与周桂珍一同参与徐秀棠师兄所设计的"龙生九子"紫砂博古艺术组合的制作,该作品亦在1989年获香港"锦锋杯"创作设计一等奖。

徐秀棠师兄与我同庚,拜师学艺比我早一年,他是我国紫砂雕塑新品进入国际市场的首创者,1993年就跻身"国家级工艺美术大师"之列。我的

夫人沈蘧华亦得到"江苏省工艺美术大师"的荣誉。周桂珍虽然比我们小几岁，但2006年与我共进"国家级工艺美术大师"之列。四人同行，知己合作，制出了划时代的经典之作。再者，我个人心目中的几件得意之作上均有他人手笔，如"玉兔奔月壶"上的"玉兔"，经师兄徐秀棠的改作，使其更添雅韵。"竹简茶具"是沈汉生大师镌刻的隶书。"华贵雍容壶"的"首创"为毛国强大师书写雕刻。至于深得海外藏家喜爱的新品"百福百寿狮象玉鼎"创作首稿，乃是在一代新秀赵洪生、高湘君的配合下完成，又得沈汉生的陶刻装饰。"师舞壶"为师弟王品荣烤金。追求艺术完美，尊重合作者，不计较个人名利的胸怀，是我尊恩师教诲，毕生所追求的境界。重视团队精神，是成就事业的宝贵财富。

同样，我也愿意在师兄弟的创作过程中，毫无保留地贡献自己的意见与建议，以使作品更加完美。

另外，20世纪70年代我曾连续几年每年春秋两季赴"广交会"，先后撰文四篇推介紫砂工艺新产品，重点介绍推广紫砂雕塑艺术并促其进入国际市场。

总之，我尽所能遵循恩师顾景舟"切不可染上旧时同行彼妒的坏习"的教诲。在有生之年，也望将先师遗志继承发扬，在壶中育德，做个紫田耕陶人。

2008年10月,在北京大学、清华大学、宜兴紫砂行业协会、联想集团等联合主办的谈茶会上,李昌鸿题书"紫玉金砂"。

2008年10月,李昌鸿(右3)和雕刻家、书法家钱绍武(左3),陶瓷艺术大师鲍志强(左2)等在"鸣鹤清赏谈茶会"上接受中央电视台记者专访。

李昌鸿（中）与北京大学教授徐天进（左1）、业界专家等一起鉴定紫砂壶历史作品。

李昌鸿（右）与雕刻家、书法家钱绍武（左），美学家、书法家、北京大学哲学系教授杨辛（中）亲切交谈。

四方竹段壶

六方提梁壶

祝福壶

一粒珠壶

和合莲子壶

三友壶（松）

三友壶(竹)

三友壶（梅）

高掇钟壶

矮掇钟壶

祥云如意壶

龙骧提梁壶

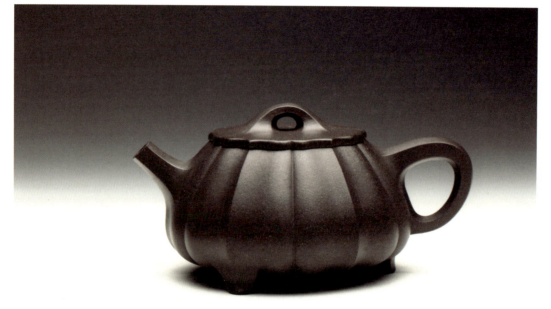

菱花石瓢壶

菱花提梁壶

六方菱花壶

圆珠莲子壶

权衡壶

莲花井栏壶

合菱壶

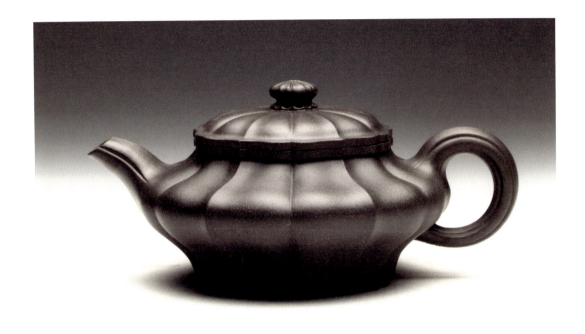

菱花水扁壶

转波圆润壶

紫气东来壶

红豆如意壶

聚宝如意壶

四方竹节壶

仿宋提梁壶

梅花周盘壶

莲花提梁壶